ÍNDICE

1. COMO SABEMOS QUE DEUS EXISTE?..............5
2. ONDE CAIM ENCONTROU A SUA ESPOSA?..............21
3. POR QUE A RESSURREIÇÃO DE JESUS É IMPORTANTE E COMO PODEMOS SABER QUE JESUS SE LEVANTOU DOS MORTOS?..............26
4. O QUE A BÍBLIA FALA SOBRE OS DINOSSAUROS?..............42
5. ONDE JESUS ESTAVA NOS TRÊS DIAS ENTRE A SUA CRUCIFICAÇÃO E RESSURREIÇÃO?..............50
6. QUAIS SÃO OS SINAIS DO FIM DO MUNDO E QUANDO O MUNDO ACABARÁ?..54
7. O QUE ACONTECE COM AS PESSOAS LOGO APÓS A MORTE?..............62
8. A BÍBLIA MENCIONA ALIENÍGENAS OU OVNI(UFO)S?..............68
9. O QUE É A TRINDADE?..............75
10. HAVERÁ ANIMAIS E ANIMAIS DE ESTIMAÇÃO NO PARAÍSO?..............83
11. O QUE A BÍBLIA DIZ SOBRE OS HOMENS DA CAVERNA?..............91
12. O QUE A BÍBLIA DIZ SOBRE ANJOS?..............99
13. O QUE A BÍBLIA DIZ SOBRE OS DEMÔNIOS?..............107
14. O QUE A BÍBLIA DIZ SOBRE OS FANTASMAS?..............113
15. QUEM FORAM OS NEFILINS?..............123

EXISTE MUITA EVIDÊNCIA PARA A EXISTÊNCIA DE DEUS.

A BÍBLIA DIZ...

"Os céus declaram a glória de Deus: o firmamento proclama a obra das suas mãos.

Um dia fala disso a outro dia: uma noite o revela a outra noite."

NÃO HÁ LINGUAGEM NEM FALA ONDE NÃO SE OUÇA A SUA VOZ.

"Mas a sua voz ressoa por toda a terra, e as suas palavras, até os confins do mundo."

VENDO AS ESTRELAS, COMPREENDENDO A AMPLIDÃO DO UNIVERSO, OBSERVANDO AS MARAVILHAS DO CORPO HUMANO, VENDO A BELEZA DE UM PÔR-DO-SOL; TODAS ESSAS COISAS APONTAM PARA UM DEUS CRIADOR.

UM REI JUDEU, CHAMADO SALOMÃO, DISSE ASSIM...

"Também pôs no coração do homem o anseio pela eternidade."

(SALMOS 19:1-4, ECLESIASTES 3:11)

A definição de Deus.

O projeto do universo.

A dependência da causa do efeito.

O desejo de toda cultura por um tipo de lei moral.

A DEFINIÇÃO DE DEUS.

A DEFINIÇÃO DE DEUS É BEM SIMPLES: UM SER QUE NÃO POSSUI OUTRO SUPERIOR.

ESSE É CHAMADO DE ARGUMENTO ONTOLÓGICO POR DEUS.

A ONTOLOGIA É O ESTUDO DA ESSÊNCIA E DA NATUREZA DAS COISAS.

ISSO SIGNIFICA QUE, AO SUSTENTARMOS A EXISTÊNCIA DO CONCEITO DE DEUS, TAMBÉM RECONHECEMOS A EXISTÊNCIA DO PRÓPRIO DEUS.

LÓGICO, EXISTIR É SUPERIOR AO NÃO EXISTIR.

PORTANTO, O MAIOR SER CONCEBÍVEL DEVE EXISTIR.

O PROJETO DO UNIVERSO.

TOME A ÁGUA SIMPLES E A SUA VISCOSIDADE (RESISTÊNCIA DE UM FLUIDO A FLUIR LIVREMENTE) COMO EXEMPLO.

A VISCOSIDADE DA ÁGUA É PERFEITA PARA O USO DE TODAS AS CRIATURAS.

SE A SUA VISCOSIDADE FOSSE UM POUCO MAIOR DO QUE É, PLANTAS NÃO PODERIAM USÁ-LA PARA TRANSPORTAR OS NUTRIENTES TÃO IMPORTANTES PARA A SOBREVIVÊNCIA DENTRO DE SEUS TUBOS CAPILARES.

SE A VISCOSIDADE FOSSE MENOR, ENTÃO O FLUIR DOS RIOS SERIA BASTANTE DIFERENTE.

FORMAÇÕES MONTANHOSAS, VALES E PLANALTOS SERIAM MUDADOS, E ROCHAS NÃO PODERIAM SER DEGRADADAS PARA FORMAR O SOLO.

A ÁGUA TAMBÉM FACILITA A CIRCULAÇÃO DOS GLÓBULOS VERMELHOS, QUE DEFENDEM NOSSOS CORPOS CONTRA MICRÓBIOS E SUBSTÂNCIAS PERIGOSAS.

SE A VISCOSIDADE DA ÁGUA FOSSE MAIOR, O MOVIMENTO DESSAS CÉLULAS DENTRO DE SEUS VASOS SERIA TOTALMENTE IMPOSSÍVEL.

É MUITO EVIDENTE QUE A ÁGUA É UM FLUIDO QUE FOI ESPECIALMENTE CRIADO PARA SERES VIVOS.

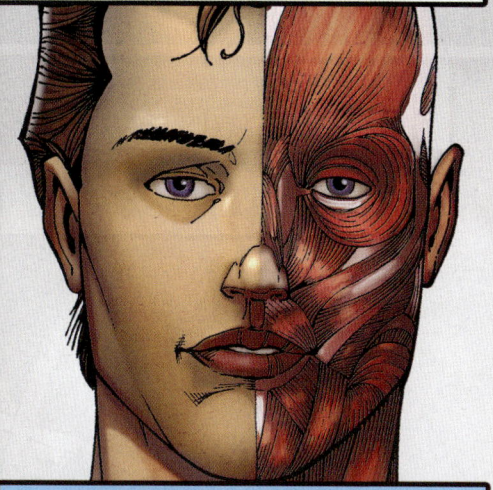

A PRÓPRIA PELE É UM ÓRGÃO QUE REFUTA A TEORIA DA EVOLUÇÃO.

É IMPOSSÍVEL PARA QUALQUER SER VIVO SOBREVIVER COM TODOS OS SEUS ÓRGÃOS DESENVOLVIDOS, MAS COM A PELE NÃO DESENVOLVIDA OU PARCIALMENTE DESENVOLVIDA.

A PELE TEM MECANISMOS PARA ESFRIAR O CORPO EM TEMPERATURAS ALTAS E PARA AQUECER O CORPO EM TEMPERATURAS BAIXAS.

ISSO QUER DIZER QUE TODAS AS PARTES DO CORPO HUMANO, ASSIM COMO AS DE ANIMAIS, FORAM FORMADAS SEM FALHA AO MESMO TEMPO, OU SEJA, FORAM CRIADAS.

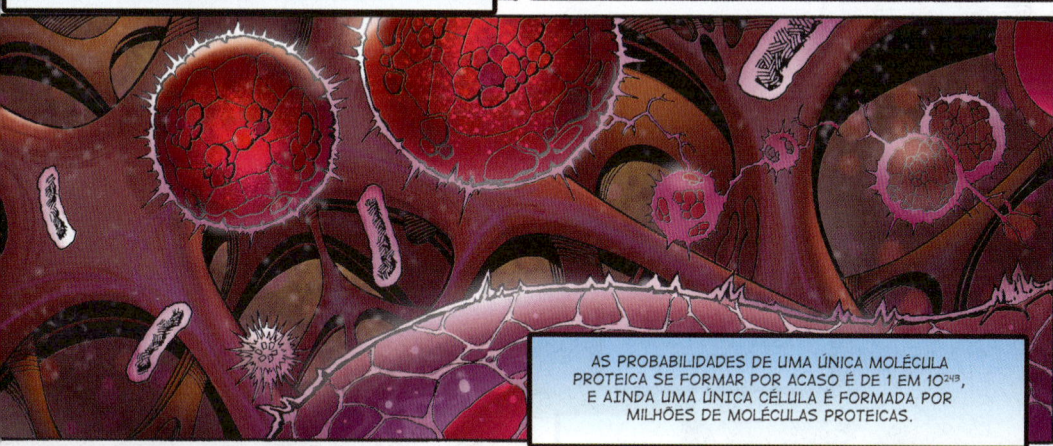

AS PROBABILIDADES DE UMA ÚNICA MOLÉCULA PROTEICA SE FORMAR POR ACASO É DE 1 EM 10^{243}, E AINDA UMA ÚNICA CÉLULA É FORMADA POR MILHÕES DE MOLÉCULAS PROTEICAS.

SISTEMAS INTELIGENTES NÃO PODERIAM SURGIR SEM UM DESENHISTA INTELIGENTE.

ISSO É TAMBÉM CHAMADO DE ARGUMENTO TELEOLÓGICO PARA DEUS.

O DESEJO DE TODA CULTURA POR UM TIPO DE LEI MORAL.

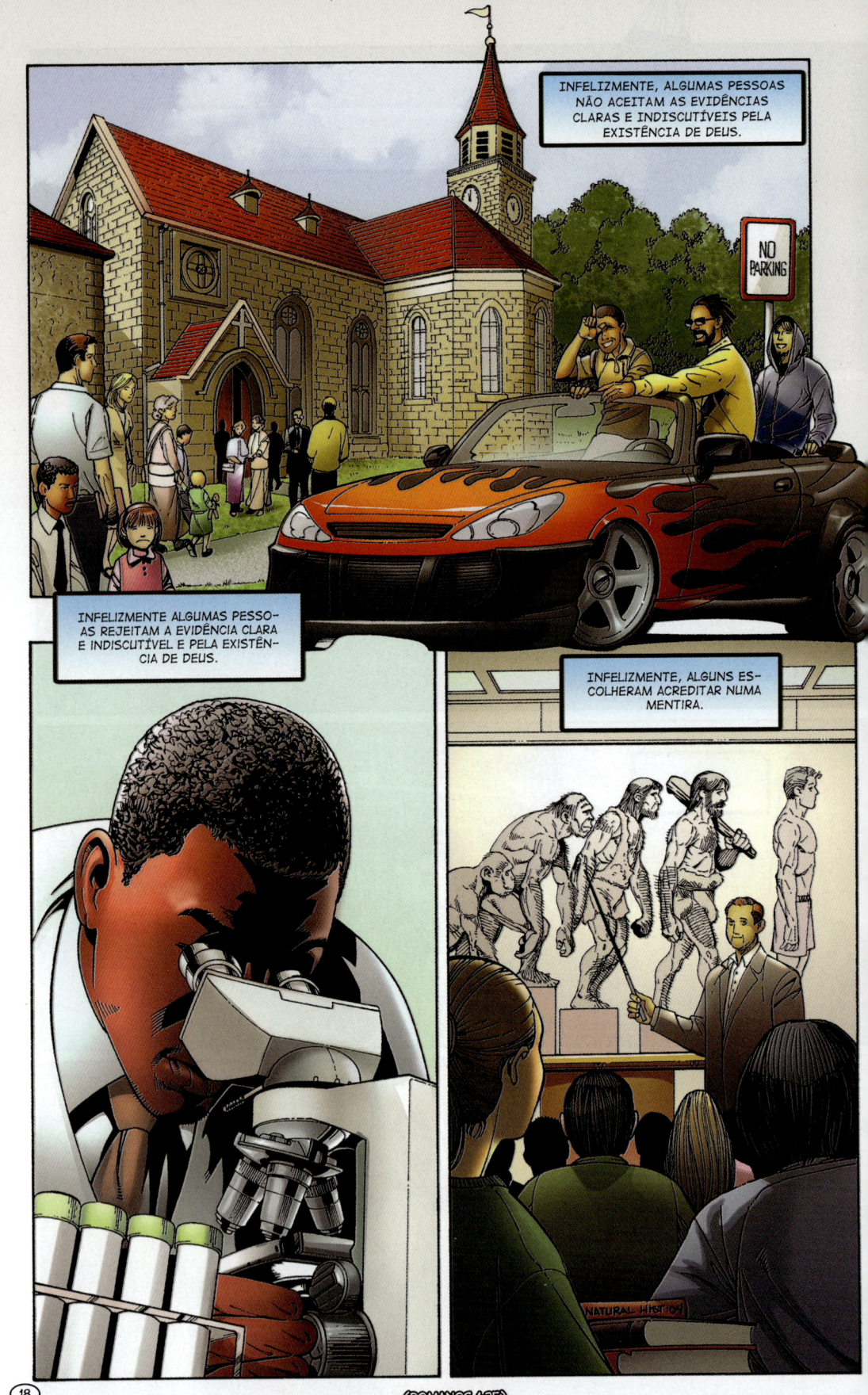

#2 ONDE CAIM ENCONTROU A SUA ESPOSA?

ALGUMAS PESSOAS GOSTAM DE APONTAR A HISTÓRIA DE CAIM E ABEL COMO PROVA DE QUE A BÍBLIA ESTÁ ERRADA.

ELES SE BASEIAM NUMA INTERPRETAÇÃO ERRADA DO RELATO EM GÊNESIS, NO CAPÍTULO 4.

A BÍBLIA REGISTRA A HISTÓRIA DE DOIS FILHOS DE ADÃO E EVA.

UM FILHO SE CHAMAVA ABEL E CUIDAVA DOS REBANHOS, ENQUANTO O FILHO MAIS VELHO, CAIM, TRABALHAVA COM O SOLO.

DEUS OFERECEU INSTRUÇÕES CLARAS AOS DOIS, DE COMO DEVERIAM TRAZÊ-LO OFERTAS.

(GÊNESIS 4:1-16)

ADÃO E EVA FORAM OS PRIMEIROS (E ÚNICOS) SERES HUMANOS, ENTÃO AS SUAS CRIANÇAS NÃO TERIAM OUTRA ESCOLHA SENÃO CASAR ENTRE ELES.

HOJE, QUANDO DUAS PESSOAS COM PARENTESCO COMUM E GENÉTICAS SEMELHANTES TÊM FILHOS JUNTOS...

...HÁ UM ALTO RISCO DE CARACTERÍSTICAS RECESSIVAS SE TORNAREM DOMINANTES E ANORMALIDADES GENÉTICAS PODEM OCORRER.

QUANDO PESSOAS VEM DE FAMÍLIAS DIFERENTES, OU "LINHAGEM", ENTÃO É MENOS PROVÁVEL QUE AMBOS OS PAIS TERÃO O MESMO TRAÇO RECESSIVO.

MAS ADÃO E EVA, COMO O PRIMEIRO HOMEM E PRIMEIRA MULHER CRIADOS POR DEUS, NÃO TINHAM DEFEITOS GENÉTICOS...

...QUE OS PERMITIU QUE AS PRIMEIRAS GERAÇÕES DE SEUS DESCENDENTES TIVESSE UM CONJUNTO DE GENES PURO.

DEPOIS, DEUS ORDENOU A MOISÉS QUE PROIBISSE O CASAMENTO CONSANGUÍNEO, PORQUE HAVIA PESSOAS SUFICIENTES PARA TORNAR O CASAMENTO CONSANGUINIO DESNECESSÁRIO.

(GÊNESIS 1:27, LEVÍTICO 18:6-18)

NÃO SABEMOS QUANTOS FILHOS ADÃO E EVA TIVERAM, OU A QUANTIDADE TOTAL DE PROLE QUE TIVERAM.

NA ÉPOCA DO ASSASSINATO DE ABEL, OS HOMENS POSSUÍAM DE 40 A 100 FILHOS, COM VÁRIAS GERAÇÕES INTERCALADAS.

O FATO DE QUE CAIM TEMIA POR SUA VIDA INDICA UMA BOA CHANCE DE EXISTIREM MUITOS FILHOS E ATÉ NETOS VIVOS NAQUELA ÉPOCA.

CAIM TINHA RAZÃO EM TER MEDO DE QUE ALGUÉM SE VINGARIA DA MORTE DE ABEL.

A BÍBLIA REGISTRA QUE CAIM FOI VIVER NA TERRA DE NODE, AO LESTE DO ÉDEN.

SE A TERRA JÁ TINHA HABITANTES, ENTÃO ERAM DESCENDENTES DIRETOS DE ADÃO E EVA, LOGO APARENTADOS DE CAIM.

A BÍBLIA REGISTRA QUE CAIM COMEÇOU A CONSTRUIR UMA CIDADE, ENTÃO TAMBÉM É POSSÍVEL QUE CAIM VIAJOU A ESSA ÁREA E ESTABELECEU A CIDADE COM A SUA FAMÍLIA.

#3 POR QUE A RESSURREIÇÃO DE JESUS É IMPORTANTE E COMO PODEMOS SABER QUE ELE SE LEVANTOU DOS MORTOS?

EXISTIRAM MUITOS EVENTOS IMPORTANTES NA HISTÓRIA.

O REI JOÃO E A ASSINATURA DA MAGNA CARTA.

THOMAS EDISON E A LÂMPADA.

O FIM FORMAL DA SEGUNDA GUERRA MUNDIAL, ASSINADO NO CONVÉS DO USS MISSOURI.

MAS O EVENTO MAIS IMPORTANTE DE TODA A HISTÓRIA É A RESSURREIÇÃO DE JESUS CRISTO.

HOUVE UMA MUDANÇA DRÁSTICA NOS DISCÍPULOS DE JESUS, OS APÓSTOLOS.

ELES FUGIRAM COM MEDO QUANDO JESUS FOI PRESO.

VOCÊ ACREDITA NISSO? ESSE É O MESMO QUE NEGOU CONHECER A JESUS.

SIM, EU SEI. AS PESSOAS EM NOSSA CIDADE CANTAM COMO GALOS PARA ZOMBAR DELE, PARA LEMBRA-LO DE COMO ELE DESAPONTOU AO SEU SENHOR.

HAVIA UMA MUDANÇA INEGÁVEL NAS VIDAS DOS APÓSTOLOS APÓS A APARIÇÃO DO CRISTO RESSURRETO.

EVIDÊNCIA #3 – OS INIMIGOS DE CRISTO ATESTARAM QUE A TUMBA ESTAVA VAZIA.

EVIDÊNCIA #4 – A RESSURREIÇÃO NÃO PÔDE SER REFUTADA NA MESMA CIDADE EM QUE OCORREU.

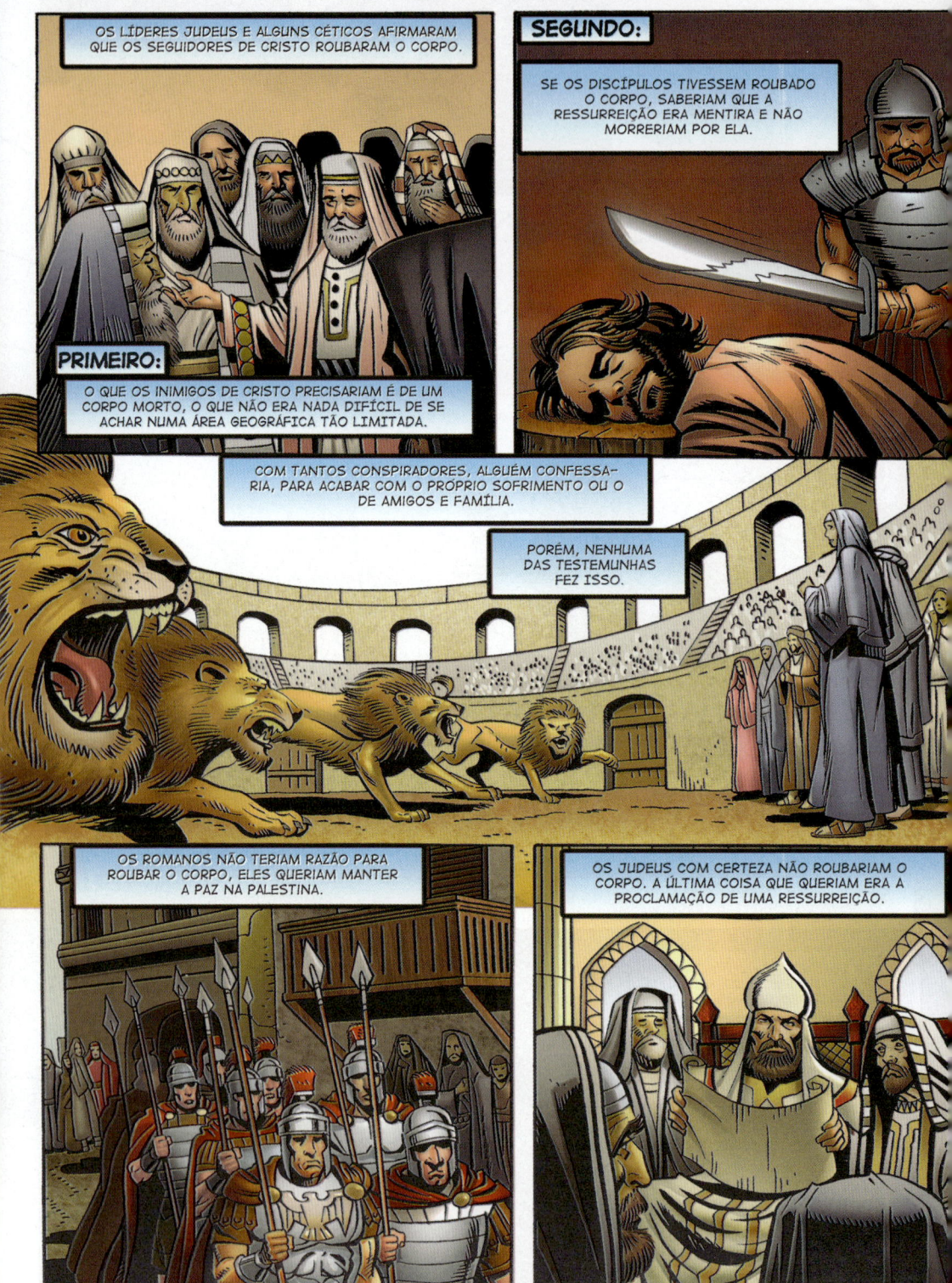

(MATEUS 28:12-15; ANAIS, XV, 44)

ELE SOFREU FERIMENTOS INTERNOS, GRANDE PERDA DE SANGUE, ASFIXIA E UMA LANÇA EM SEU CORAÇÃO.

SERIA ALTAMENTE IRRACIONAL ACREDITAR QUE QUALQUER PESSOA PUDESSE SOBREVIVER A TANTA PUNIÇÃO FÍSICA...

...FINGIR A SUA MORTE E DEPOIS FICAR NUMA TUMBA POR TRÊS DIAS E NOITES SEM ATENÇÃO MÉDICA, COMIDA OU ÁGUA.

...REMOVER UMA PEDRA EXTREMAMENTE PESADA PELO INTERIOR DE ONDE ELA ESTAVA SELADA.

EVIDÊNCIA #5 – TESTEMUNHO PECULIAR DAS OBSERVADORAS

EM AMBAS AS CULTURAS JUDAICAS E ROMANAS, O TESTEMUNHO DE MULHERES ERA CONSIDERADA INSUFICIENTE.

O TESTEMUNHO DE UMA MULHER ERA CONSIDERADO TÃO DESPREZÍVEL QUE ELAS ERAM PROIBIDAS DE SERVIR COMO TESTEMUNHA LEGAL NUMA CORTE DE LEI JUDAICA.

COM ESSE FATO, É ALTAMENTE IMPROVÁVEL QUE QUALQUER PERPETRADOR DE UM ENGANO SOBRE A RESSURREIÇÃO NESSA CULTURA E ÉPOCA ESCOLHERIA MULHERES COMO TESTEMUNHAS PRINCIPAIS.

MAS, CONTRA A CULTURA POPULAR, OS ESCRITORES DOS EVANGELHOS REGISTRARAM HONESTAMENTE O QUE ACONTECEU: QUE AS MULHERES FORAM AS PRIMEIRAS A OBSERVAREM A TUMBA VAZIA E, POSTERIORMENTE, A ENCONTRAREM JESUS.

(MARCOS 16:9; JOÃO 20:10-18, MATEUS 28:9-10)

A EVIDÊNCIA HISTÓRICA PARA A RESSURREIÇÃO DE JESUS CRISTO É MAIS DO QUE SUFICIENTE PARA SATISFAZER AS PERGUNTAS DE UM INQUIRIDOR HONESTO.

POR OUTRO LADO, FALTAM MUITAS EVIDÊNCIAS PARA CONFIRMAR AS EXPLICAÇÕES ALTERNATIVAS À BÍBLIA.

PRESTE ATENÇÃO AO TESTEMUNHO DE UM DOS MAIS IMPORTANTES ESPECIALISTAS EM JURISPRUDÊNCIA DO PLANETA, O DOUTOR LIONEL LUCKHOO, DETENTOR DO RECORDE MUNDIAL DE ABSOLVIÇÕES NA DEFESA DE JULGAMENTOS DE ASSASSINATO.

EU SOU ADVOGADO DE DEFESA HÁ MAIS DE 42 ANOS E TIVE A HONRA DE EXERCER A MINHA PROFISSÃO EM VÁRIAS PARTES DO MUNDO.

EU FUI FELIZ EM ASSEGURAR UM NÚMERO DE SUCESSOS EM JULGAMENTOS DE JÚRI E POSSO DIZER SEM EQUÍVOCOS...

A EVIDÊNCIA PELA RESSURREIÇÃO DE JESUS CRISTO É TÃO GRANDE QUE COMPELE A ACEITAÇÃO POR PROVA, E ABSOLUTAMENTE NÃO DEIXA LUGAR PARA QUALQUER SOMBRA DE DÚVIDA.

SIR LIONEL LUCKHOO

#4 O QUE A BÍBLIA DIZ SOBRE OS DINOSSAUROS?

DINOSSAUROS FAZEM PARTE DE UM DEBATE MAIOR SOBRE A ORIGEM E A IDADE DA TERRA...

...E A INTERPRETAÇÃO DAS EVIDÊNCIAS QUE TEMOS SOBRE O ASSUNTO.

OS DINOSSAUROS FORAM POPULARIZADOS EM 1822, QUANDO MARY ANNE MANTELL, DE SUSSEX, NA INGLATERRA, ENCONTROU UMA PEDRA BRILHANDO SOB A LUZ DO SOL, E A MOSTROU PARA O SEU ESPOSO, QUE ERA CAÇADOR DE FÓSSEIS.

EM 1841, SIR RICHARD OWEN, O PRIMEIRO SUPERINTENDENTE DO MUSEU BRITÂNICO, CRIOU O TERMO DINOSSAURO, DAS PALAVRAS GREGAS QUE SIGNIFICAM "LAGARTO TERRÍVEL".

TODOS OS CIENTISTAS TÊM OS MESMOS FATOS E OS MESMOS FÓSSEIS.

ALGUNS ABORDAM A QUESTÃO DOS DINOSSAUROS DE UM PONTO DE VISTA BÍBLICO, CONSIDERANDO QUE AS ESCRITURAS SÃO A REVELAÇÃO DE DEUS COM UMA DESCRIÇÃO PRECISA DA HISTÓRIA.

OS QUE SE BASEIAM NA TEORIA EVOLUCIONISTA ACREDITAM QUE A BÍBLIA NÃO MENCIONA OS DINOSSAUROS, QUE TERIAM EVOLUÍDO HÁ 235 MILHÕES DE ANOS ATRÁS, ANTES DO HOMEM.

ELES AINDA TEORIZAM QUE, HÁ 65 MILHÕES DE ANOS ATRÁS, UM EVENTO CATACLÍSMICO MATOU OS DINOSSAUROS, APESAR DE NÃO EXISTIR UM CONSENSO SOBRE COMO ISSO ACONTECEU.

JÁ QUE A PALAVRA "DINOSSAURO" NÃO FOI CRIADA ATÉ 1841, LOGICAMENTE ELA NÃO FOI USADA NA BÍBLIA.

OS 'TANNIYN' FORAM ALGUM TIPO DE RÉPTIL GIGANTE. ESSAS CRIATURAS FORAM MENCIONADAS CERCA DE TRINTA VEZES NO ANTIGO TESTAMENTO E ERAM ENCONTRADAS TANTO NA TERRA, COMO TAMBÉM NAS ÁGUAS.

O ANTIGO TESTAMENTO USA A PALAVRA HEBRAICA TANNIYN, QUE SE TRADUZ "MONSTRO DO MAR", E AS VEZES COMO "SERPENTE". MAS É MAIS COMUM A TRADUÇÃO "DRAGÃO".

A BÍBLIA ENSINA QUE DEUS FEZ OS DINOSSAUROS, COMO TAMBÉM OS OUTROS ANIMAIS, NO QUINTO DIA DA CRIAÇÃO.

ADÃO E EVA FORAM CRIADOS NO SEXTO DIA, ENTÃO OS DINOSSAUROS E OS HUMANOS CONVIVERAM...

...E NÃO FORAM SEPARADOS POR VÁRIAS ERAS, CONFORME 'ENSINA' A CULTURA POPULAR.

NA BÍBLIA APRENDEMOS QUE NÃO HAVIA MORTE, DERRAMAMENTO DE SANGUE OU SOFRIMENTO, ANTES DO PECADO ENTRAR NO MUNDO.

A MORTE E O DERRAMAMENTO DE SANGUE ENTRARAM NO MUNDO DEPOIS QUE ADÃO E EVA PECARAM.

A PRIMEIRA MORTE DE UM ANIMAL OCORREU QUANDO DEUS DERRAMOU O SANGUE DE UM ANIMAL NO JARDIM DO ÉDEN, USANDO SUA PELE PARA VESTIR ADÃO E EVA.

ISSO TAMBÉM FOI UMA TIPOLOGIA A RESPEITO DA EXPIAÇÃO...

...PRENUNCIANDO O SANGUE DE JESUS QUE FOI DERRAMADO POR NÓS.

OS DINOSSAUROS NÃO PODERIAM TER MORRIDO ANTES DO SURGIMENTO DO HOMEM, PORQUE A MORTE, O DERRAMAMENTO DE SANGUE E AS DOENÇAS FORAM ALGUMAS DAS CONSEQUÊNCIAS DO PECADO DE ADÃO E EVA.

CONSIDERAR A EXISTÊNCIA DE ANIMAIS MORTOS ANTES DO PECADO É UMA CONTRADIÇÃO COM AS ESCRITURAS, ENFRAQUECENDO O EVANGELHO DE CRISTO.

(GÊNESIS 3:21; GÊNESIS 1:29-30; ROMANOS 5:12, 14; 1 CORÍNTIOS 15:21-22)

REPRESENTANTES DE TODOS OS ANIMAIS TERRESTRES QUE RESPIRAVAM EMBARCARAM NA ARCA COM NOÉ, COMO DESCRITO NA BÍBLIA...

... ISSO TAMBÉM PODE TER INCLUÍDO DINOSSAUROS JOVENS.

OS ANIMAIS FORA DA ARCA PERECERAM NO DILÚVIO CATACLÍSMICO E SEUS RESTOS SE TORNARAM OS FÓSSEIS QUE VEMOS HOJE.

A MUDANÇA CLIMÁTICA PÓS-DILÚVIO, A FALTA DE COMIDA, AS DOENÇAS E A CAÇA DOS HOMENS CAUSOU A EXTINÇÃO DESSE TIPO DE ANIMAL.

DEPOIS DO DILÚVIO, OS ANIMAIS DESCERAM DA ARCA. SE HOUVERAM JOVENS DINOSSAUROS, ELES ENCONTRARAM UM MEIO AMBIENTE MUITO DIFERENTE DAQUELE QUE HABITARAM ANTERIORMENTE.

HÁ EVIDÊNCIAS CIENTÍFICAS SOBRE A POSSIBILIDADE DE JOVENS DINOSSAUROS TEREM HABITADO NA ARCA E SOBREVIVIDO POR ALGUM TEMPO.

APROXIMADAMENTE 800 ESPÉCIES DE MAMÍFEROS, RÉPTEIS, ANFÍBIOS, AVES, PEIXES, INVERTEBRADOS E PLANTAS FORAM EXTINTOS ENTRE OS ANOS DE 1500 E 2000 A.C.

"RINOCERONTE-NEGRO"

OS DINOSSAUROS, COMO MUITAS OUTRAS CRIATURAS, SIMPLESMENTE FORAM EXTINTAS COM O PASSAR DO TEMPO, EMBORA TENHAMOS MUITOS FÓSSEIS ATÉ OS DIAS DE HOJE.

"DODÔ"

"SAPO-DOURADO"

EM COMPARAÇÃO, QUASE 1/3 DAS ESPÉCIES ANFÍBIAS DO MUNDO FOI EXTINTA DESDE 1980.

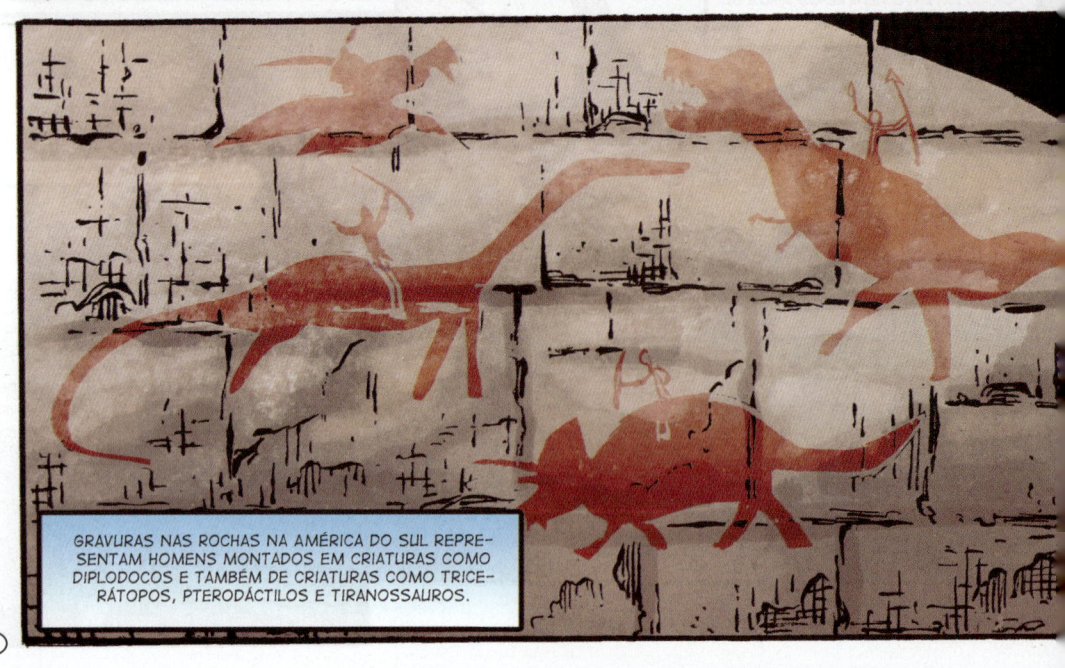

OS CIENTISTAS ACEITAM DESENHOS DE MAMUTES NAS CAVERNAS, ENTÃO DEVERIA SER RAZOÁVEL ACEITAR TAMBÉM OUTROS DESENHOS DE HOMENS COM DINOSSAUROS.

TAMBÉM EXISTEM VÁRIOS RELATOS BÍBLICOS DE DINOSSAUROS E HOMENS CONVIVENDO.

QUASE TODA CIVILIZAÇÃO ANTIGA TEM ALGUM TIPO DE ARTE REPRESENTANDO GIGANTES CRIATURAS RÉPTEIS.

A AMÉRICA DO NORTE TEM PETRÓGLIFOS, ARTEFATOS E ESTATUETAS DE ARGILA DE DINOSSAUROS.

GRAVURAS NAS ROCHAS NA AMÉRICA DO SUL REPRESENTAM HOMENS MONTADOS EM CRIATURAS COMO DIPLODOCOS E TAMBÉM DE CRIATURAS COMO TRICERÁTOPOS, PTERODÁCTILOS E TIRANOSSAUROS.

A OLARIA PERUANA ANTIGA MOSTRA HOMENS E DINOSSAUROS...

...COMO TAMBÉM UM HOMEM MONTADO NUM TRICERÁTOPO.

MOSAICOS ROMANOS, OLARIA MAIA E PAREDES DE CIDADES BABILÔNICAS MOSTRAM HOMENS COEXISTINDO COM DINOSSAUROS.

O RELATO DE MARCO POLO SOBRE SUAS VIAGENS, IL MILIONE, TAMBÉM TROUXE CONTOS DE DINOSSAUROS EM CATIVEIRO NA CHINA.

PEGADAS FOSSILIZADAS DE HUMANOS E DINOSSAUROS FORAM ENCONTRADAS JUNTAS NA AMÉRICA DO NORTE E NA ÁSIA CENTRAL.

UM ÉPICO SUMERIANO, DATADO DE APROX. 2.000 A.C., FAZ O RELATO DO REI GILGAMESH, QUE MATOU E DECAPITOU UM "DRAGÃO" FEROZ.

QUANDO ALEXANDRE, O GRANDE, MARCHOU COM SEU EXÉRCITO SOBRE A ÍNDIA, ELES ENCONTRARAM INDIANOS LOUVANDO GIGANTES RÉPTEIS, QUE "GUARDAVAM" SUAS CAVERNAS.

NO REINO UNIDO E MUITAS OUTRAS CULTURAS, EXISTE A POPULAR HISTÓRIA DE SÃO JORGE, QUE MATOU UM "DRAGÃO".

NOS ANOS 1500, UM LIVRO CIENTÍFICO EUROPEU, HISTORIA ANIMALIUM, MOSTROU VÁRIOS ANIMAIS VIVOS QUE CHAMARÍAMOS DE DINOSSAUROS.

UM RENOMADO NATURALISTA DA ÉPOCA, ULISSE ALDROVANDI, REGISTROU UM ENCONTRO DE UM CAMPONÊS CHAMADO BATISTA COM UM DRAGÃO, CUJA DESCRIÇÃO ENCAIXA NA DO PEQUENO DINOSSAURO TANYSTROPHEUS.

O ENCONTRO FOI EM 13 DE MAIO, 1572, PERTO DE BOLONHA, NA ITÁLIA, E O CAMPONÊS MATOU O DRAGÃO.

SE NÃO PUDERMOS CONFIAR NA BÍBLIA A RESPEITO DE SUA HISTÓRIA, COMO PODEMOS CONFIAR EM SEUS ASPECTOS MORAIS E MENSAGEM DE SALVAÇÃO?

SE A TEORIA EVOLUCIONISTA, A RESPEITO DOS MILHÕES DE ANOS QUE SEPARAM A EXTINÇÃO DOS DINOSSAUROS E O SURGIMENTO DO HOMEM, ESTIVER CORRETA, ENTÃO O RELATO BÍBLICO NÃO PODE SER VERDADEIRO.

SE A BÍBLIA ESTIVER ERRADA NESSE ASPECTO, ENTÃO COMO PODEMOS CONFIAR NELA EM OUTRAS ÁREAS?

SE TUDO NA CRIAÇÃO SE FEZ POR MEIO DE PROCESSOS NATURAIS, ENTÃO NÃO HOUVE CRIAÇÃO ESPECIAL.

SE DEUS NÃO NOS CRIOU, ENTÃO ELE NÃO TERIA O DIREITO EM NOS DIZER COMO DEVEMOS VIVER.

SEM A MORALIDADE, NÃO HÁ PECADO. SE NÃO HÁ PECADO, ENTÃO NÃO HÁ NECESSIDADE DE UM REDENTOR.

A REPRESENTAÇÃO BÍBLICA SOBRE OS DINOSSAUROS É PRECISA, E PODEMOS CONFIAR NA REVELAÇÃO DE DEUS DA HISTÓRIA ANTIGA.

OS ENSINAMENTOS BÍBLICOS A RESPEITO DA NOSSA ORIGEM SÃO A CHAVE PARA ENTENDERMOS A PUNIÇÃO DE DEUS PARA O PECADO E A NOSSA NECESSIDADE PELO SEU REDENTOR, JESUS CRISTO, ENVIADO PARA SALVAR A HUMANIDADE DO PECADO.

#5 ONDE JESUS ESTAVA NOS TRÊS DIAS ENTRE SUA CRUCIFICAÇÃO E RESSURREIÇÃO?

HÁ CONFUSÃO SOBRE O QUE ACONTECEU APÓS A MORTE DE CRISTO NA CRUZ. PARTE DESSA CONFUSÃO SE DEVE AO CREDO DOS APÓSTOLOS, QUE AFIRMA: "ELE DESCEU AO INFERNO".

NAS ESCRITURAS HEBRAICAS, A PALAVRA USADA PARA DESCREVER O LUGAR DOS MORTOS É "SHEOL".

A PALAVRA GREGA PARA ISSO É "HADES", QUE SIGNIFICA O "LUGAR DOS MORTOS".

SHEOL TEM DUAS DIVISÕES: A ESTADIA DOS MORTOS JUSTOS E A DOS MORTOS INJUSTOS. A ESTADIA DOS MORTOS JUSTOS ERA CHAMADA DE "PARAÍSO" E "SEIO DE ABRAÃO".

ESSAS DUAS ESTADIAS SÃO SEPARADAS POR UM "GRANDE ABISMO".

(LUCAS 16:26)

O INFERNO (O LAGO DE FOGO) É O LUGAR FINAL E PERMANENTE PARA O JULGAMENTO DOS PERDIDOS.

HADES É UM LUGAR TEMPORÁRIO. ENTÃO JESUS NÃO FOI AO INFERNO, PORQUE O INFERNO É UM DOMÍNIO DO FUTURO, QUE ENTRA EM VIGOR APÓS O GRANDE JULGAMENTO DO TRONO BRANCO.

ENTRE A SUA MORTE E RESSSURREIÇÃO, CRISTO VISITOU LOCAL TEMPORÁRIO DOS MORTOS, ONDE ENVIOU UMA MENSAGEM AOS SERES ESPIRITUAIS.

NÃO FOI UMA PREGAÇÃO, NO SENTIDO USUAL DE EXPOSIÇÃO DO EVANGELHO, MAS O ANÚNCIO DE UMA MENSAGEM.

NÃO ERA UMA MENSAGEM DE REDENÇÃO, PORQUE OS ANJOS NÃO PODEM SER SALVOS.

E MUITO MENOS UMA SEGUNDA CHANCE DE SALVAÇÃO AOS MORTOS, JÁ QUE A BÍBLIA É CATEGÓRICA: APÓS A MORTE, ENFRENTAREMOS O JULGAMENTO E NÃO HAVERÁ OUTRA CHANCE.

(APOCALIPSE 20:11-15; 1 PEDRO 3:19; HEBREUS 2:16; HEBREUS 9:27)

FOI UMA DECLARAÇÃO DE VITÓRIA SOBRE SATANÁS E SUAS HOSTES MALIGNAS.

A BÍBLIA TAMBÉM INDICA QUE CRISTO FOI AO "PARAÍSO" E LEVOU AOS CÉUS TODOS OS QUE CRERAM NELE ANTES DE SUA MORTE.

CRISTO NÃO DESCEU AO INFERNO, MAS VISITOU A REALIDADE DOS MORTOS.

FOI UMA DECLARAÇÃO DE VITÓRIA SOBRE SATANÁS E SUAS HOSTES MALIGNAS.

(1 PEDRO 3:22; COLOSSENSES 2:15; LUCAS 16:20; LUCAS 16:43; EFÉSIOS 4:8-10)

AS PESSOAS NASCIDAS NO TEMPO ENTRE ADÃO E CRISTO ERAM SALVAS COMO NÓS, PELA FÉ.

AQUELES NASCIDOS ANTES DE CRISTO ESPERAVAM, PELA FÉ, PELO MESSIAS DE DEUS QUE HAVERIA DE VIR.

NÓS MESMOS E TODOS AQUELES QUE VIERAM APÓS CRISTO, PODEMOS PRATICAR A FÉ NO MESSIAS DE DEUS QUE JÁ VEIO PARA NOS SALVAR.

#6 QUAIS SÃO OS SINAIS DO FIM DO MUNDO E QUANDO O MUNDO ACABARÁ?

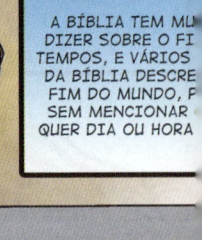

ALGUMAS PESSOAS ESTÃO PREOCUPADAS PORQUE ACHAM QUE O MUNDO IRÁ ACABAR NUMA DATA DEFINIDA.

MAS O CALENDÁRIO MAIA ACABA NO DIA 21 DE DEZEMBRO, 2012. ESSE DEVE SER O FIM DO MUNDO.

NO ANO 999 AS PESSOAS ACHAVAM QUE O MUNDO ESTAVA CHEGANDO AO FIM.

ATÉ ALGUNS PREGADORES DISSERAM QUE JESUS CRISTO VOLTARIA NUM DIA ESPECÍFICO, COMO 11 DE SETEMBRO, 1988 OU 21 DE MAIO, 2011.

A BÍBLIA TEM MU[ITO A] DIZER SOBRE O FI[M DOS] TEMPOS, E VÁRIOS [TRECHOS] DA BÍBLIA DESCRE[VEM O] FIM DO MUNDO, P[ORÉM] SEM MENCIONAR [QUAL]QUER DIA OU HORA.

QUANTO AO DIA E A HORA NINGUÉM SABE, NEM OS ANJOS DOS CÉUS, NEM O FILHO, SENÃO SOMENTE O PAI.

(MATEUS 24:36)

UM DIA OS DISCÍPULOS PERGUNTARAM A CRISTO QUANDO ACONTECERIA O FIM DO MUNDO. ELE OS DEU VÁRIOS SINAIS QUE PRECEDERIAM O FIM DA IDADE.

CUIDADO, QUE NINGUÉM OS ENGANE. POIS MUITOS VIRÃO EM MEU NOME, DIZENDO: 'EU SOU O CRISTO!' E ENGANARÃO A MUITOS.

VOCÊS OUVIRÃO FALAR DE GUERRAS E RUMORES DE GUERRAS, MAS NÃO TENHAM MEDO.

É NECESSÁRIO QUE TAIS COISAS ACONTEÇAM, MAS AINDA NÃO É O FIM.

NAÇÃO SE LEVANTARÁ CONTRA NAÇÃO, E REINO CONTRA REINO.

HAVERÁ FOMES E TERREMOTOS EM VÁRIOS LUGARES.

TUDO ISSO SERÁ O INÍCIO DAS DORES.

QUANDO UM BEBÊ ESTÁ PARA NASCER, UMA MULHER SOFRE COM MUITAS DORES -- QUE FICAM MAIS FREQUENTES E MAIS INTENSAS -- À MEDIDA QUE SE APROXIMA A HORA DO PARTO.

FALSOS MESSIAS, GUERRAS, FOME E TERREMOTOS EXISTEM DESDE O INÍCIO DO MUNDO, MAS AGORA ESTÃO MAIS FREQUENTES E MAIS INTENSOS.

(MATEUS 24:5-8)

JESUS DISSE QUE OS SEUS SEGUI-DORES SERIAM PERSEGUIDOS, ODIA-DOS POR TODAS AS NAÇÕES E ATÉ POSTOS À MORTE.

ALLAH AKBAR, SÓ MAOMÉ É GRANDE!

JESUS TAMBÉM PREVIU QUE MUITOS SE DESVIARIAM DA FÉ.

EU DESISTI DA RELI-GIÃO, NÃO HÁ NADA PARA MIM. EU TENHO COISAS MELHORES PARA FAZER NA MINHA VIDA.

E MUITOS SE ODIARIAM.

SESSÃO DE AUTÓGRAFOS HOJE: DAS 15:00 ÀS 18:00

"O Deus no Interior"
GEORGE

E MUITOS FALSOS PROFETAS APARECERIAM CONVENCENDO DIVERSAS PESSOAS.

NÓS EVOLUÍMOS PARA ESSE NÍVEL MAIS ALTO DE CONSCIÊNCIA E NÃO PRECISAMOS DA BÍBLIA PARA CONHECER DEUS.

CRISTO DISSE QUE, DURANTE ESSE TEMPO, POR CAUSA DO AUMENTO DA MALDADE, O AMOR DA MAIORIA DAS PESSOAS SE ESFRIARIA.

CRISTO TAMBÉM DISSE QUE O EVANGELHO SERIA PRE-GADO AO MUNDO INTEIRO, COMO TESTEMUNHO A TODAS AS NAÇÕES, E ENTÃO VIRIA O FIM DO MUNDO.

(MATEUS 24:9-14)

O APÓSTOLO PAULO EM SUAS CARTAS TAMBÉM ALERTOU QUE NOS ÚLTIMOS DIAS HAVERIA UM AUMENTO DE ENSINAMENTOS FALSOS, COM AS PESSOAS ABANDONANDO A FÉ E "SEGUINDO ESPÍRITOS ENGANADORES E COISAS ENSINADAS POR DEMÔNIOS".

OUTROS SINAIS SÃO A RECONSTRUÇÃO DO TEMPLO EM JERUSALÉM, MAIS HOSTILIDADE COM A NAÇÃO DE ISRAEL E UM MOVIMENTO EM DIREÇÃO A UM ÚNICO GOVERNO MUNDIAL.

UM DOS SINAIS MAIS PROEMINENTES DO FIM DOS TEMPOS É O RESTABELECIMENTO DA NAÇÃO DE ISRAEL. VÁRIOS PROFETAS HAVIAM PREVISTO QUE DEUS TRARIA OS JUDEUS DE VOLTA À ISRAEL.

EM 1948, ISRAEL FOI RECONHECIDO COMO ESTADO SOBERANO, OFICIALMENTE PELA PRIMEIRA VEZ DESDE 70 D.C.

(1 TIMÓTEO 4:1; 2 TIMÓTEO 3:1,9; 2 TESSALONICENSES 2:3; GÊNESIS 17:8; EZEQUIEL 37; DANIEL 10:14)

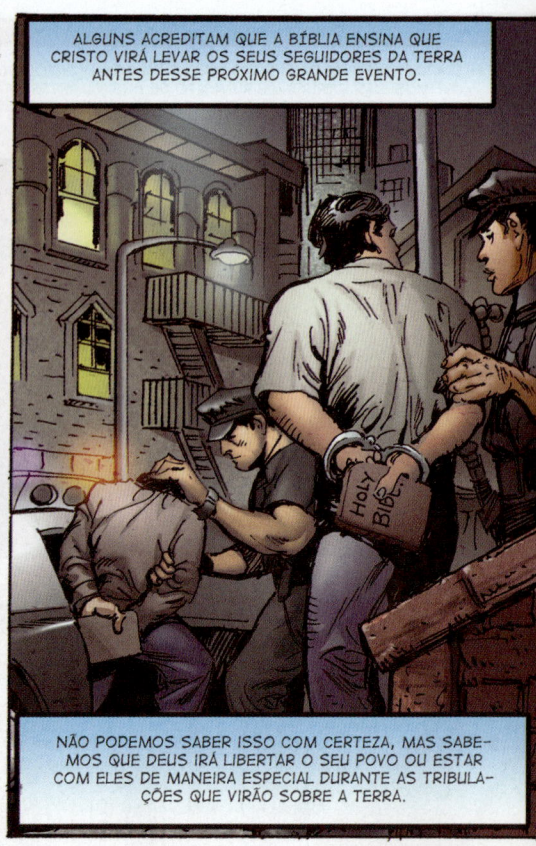

DEUS QUER QUE AS PESSOAS SEJAM SÁBIAS E TENHAM DISCERNIMENTO, PARA NÃO INTERPRETAREM NADA ERRADO A RESPEITO DA CHEGADA DO FIM DOS TEMPOS.

AS PISTAS QUE A BÍBLIA NOS OFERECE BASICAMENTE NOS DIZEM: ESTEJAMOS PREPARADOS.

ALGUNS ACREDITAM QUE A BÍBLIA ENSINA QUE CRISTO VIRÁ LEVAR OS SEUS SEGUIDORES DA TERRA ANTES DESSE PRÓXIMO GRANDE EVENTO.

NÃO PODEMOS SABER ISSO COM CERTEZA, MAS SABEMOS QUE DEUS IRÁ LIBERTAR O SEU POVO OU ESTAR COM ELES DE MANEIRA ESPECIAL DURANTE AS TRIBULAÇÕES QUE VIRÃO SOBRE A TERRA.

NESSE MESMO PERÍODO DE TEMPO, UM GOVERNANTE QUE A BÍBLIA CHAMA DE "ANTICRISTO" SE LEVANTARÁ.

NA PRIMEIRA INSTÂNCIA, ELE SERÁ AMIGÁVEL COM ISRAEL E ASSINARÁ UM ACORDO DE PAZ, QUE DURARÁ SETE ANOS.

ESSE SERÁ UM TEMPO DE GUERRAS TERRÍVEIS, FOMES, PRAGAS E DESASTRES NATURAIS.

(1 TESSALONICENSES 4:13-18; 1 CORÍNTIOS 15:51-54; DANIEL 9:27; APOCALIPSE 6-19)

NA METADE DO PERÍODO DE SETE ANOS, O ANTICRISTO QUEBRARÁ O SEU ACORDO DE PAZ COM ISRAEL E VAI SE VIRAR CONTRA OS JUDEUS.

ELE TAMBÉM SE LEVANTARÁ NUM TEMPLO PARA SER LOUVADO.

PRAGAS HORRÍVEIS, TERREMOTOS MONSTRUOSOS E FOMES IRÃO DEVASTAR A TERRA.

ESSE LÍDER MUNDIAL IRÁ LANÇAR UM ATAQUE FINAL CONTRA JERUSALÉM QUE ATRAIRÁ EXÉRCITOS DO MUNDO INTEIRO.

EM ALGUM MOMENTO DESSA TERRÍVEL BATALHA, JESUS CRISTO RETORNARÁ FISICAMENTE E DESTRUIRÁ O ANTICRISTO.

O ANTICRISTO E O FALSO PROFETA QUE O ACOMPANHA SERÃO LANÇADOS VIVOS EM UM LAGO DE FOGO DE ENXOFRE.

(DANIEL 9:27; 2 TESSALONICENSES 2:3-10; APOCALIPSE 19:11-21)

EM SEGUIDA, SATANÁS SERÁ AMARRADO POR 1.000 ANOS COM UMA CORRENTE, E JESUS CRISTO REINARÁ SOBRE O MUNDO EM JERUSALÉM.

SERÁ UM TEMPO DE PAZ E PROSPERIDADE QUE O MUNDO JAMAIS CONHECEU.

AO FIM DOS 1.000 ANOS, SATANÁS SERÁ LIBERTO. ELE ENGANARÁ NÚMERO GRANDE DE PESSOAS E CRIARÁ UM EXÉRCITO PARA INVADIR JERUSALÉM, ONDE CRISTO REINA.

MAS FOGO VIRÁ DO CÉU E DESTRUIRÁ ESSE ÚLTIMO EXÉRCITO REBELDE E O DIABO SERÁ JOGADO NO LAGO DE FOGO, PARA NUNCA MAIS SER VISTO.

ENTÃO TODOS OS MORTOS NO MUNDO SERÃO LEVANTADOS E CADA HOMEM E MULHER SERÃO JULGADOS PERANTE O GRANDE TRONO BRANCO DE CRISTO.

NO JULGAMENTO DE CRISTO, SEUS SEGUIDORES SERÃO RECOMPENSADOS POR SUA SERVIDÃO FIEL, E PELAS BOAS OBRAS DURANTE O SEU TEMPO NA TERRA.

ALGUNS CRISTÃOS PERDERÃO AS SUAS RECOMPENSAS, MAS NÃO A VIDA ETERNA, POR FALTA DE SERVIDÃO E OBEDIÊNCIA.

FINALMENTE, CRISTO JULGARÁ TODOS AQUELES QUE NEGARAM A ELE E AO SEU PERDÃO. O SEU DESTINO TERRÍVEL SERÁ A SEPARAÇÃO TOTAL DA PRESENÇA DE DEUS, PARA SEMPRE.

(1 CORÍNTIOS 3:11-15; 2 CORÍNTIOS 5:10; APOCALIPSE 20:1-15)

ESSE EVENTO SERÁ CATACLÍSMICO, E RUIDOSO.

ESTRELAS E GALÁXIAS SERÃO CONSUMIDAS NUMA TREMENDA EXPLOSÃO E A TERRA SERÁ ESVAZIADA.

OS DOIS ÚLTIMOS CAPÍTULOS DA BÍBLIA DESCREVEM O GRANDE FINAL DE DEUS, O NOVO CÉU E A NOVA TERRA. A MORADIA FINAL PARA TODOS OS CRENTES.

SERÁ UM LUGAR DE GRANDES REUNIÕES, DESCOBERTAS MARAVILHOSAS E ALEGRIA SEM MEDIDA.

SERÁ UM LUGAR ONDE NÃO HAVERÁ DORES, PECADO OU MORTE, E CONHECEREMOS JESUS CRISTO FACE A FACE.

VOCÊ NÃO QUER PERDER ISSO!

(APOCALIPSE 20-22; 2 PEDRO 3:10-13)

#7 O QUE ACONTECE COM AS PESSOAS LOGO APÓS A MORTE?

EXISTEM MUITAS OPINIÕES SOBRE O QUE ACONTECE COM ALGUÉM QUANDO MORRE.

ALGUNS ACREDITAM QUE EXISTE UM "SONO DA ALMA", NO QUAL A SUA ALMA "DORME" ATÉ UMA FUTURA RESSURREIÇÃO.

ALGUMAS RELIGIÕES ENSINAM A REENCARNAÇÃO, QUE A NOSSA ALMA OU NOSSO ESPÍRITO VOLTAM EM OUTRA FORMA.

OUTROS ENSINAM A ANIQUILAÇÃO, QUE A PESSOA SIMPLESMENTE DEIXA DE EXISTIR.

ATÉ ALGUMAS IGREJAS ESTÃO CONFUSAS SOBRE O QUE ACONTECE APÓS A MORTE.

PARA O VERDADEIRO SEGUIDOR DE CRISTO, A BÍBLIA NOS DIZ QUE, NO MOMENTO DA MORTE, A ALMA É LEVADA DIRETAMENTE PARA O ATUAL PARAÍSO...

...PARA AQUELES QUE CONFIARAM SOMENTE EM CRISTO PARA A SALVAÇÃO, E RECEBERAM O PERDÃO PELOS SEUS PECADOS.

JESUS DISSE AO LADRÃO NA CRUZ, "HOJE, VOCÊ ESTARÁ COMIGO NO PARAÍSO".

O APÓSTOLO PAULO ENSINOU "PREFERIMOS ESTAR AUSENTES DO CORPO E HABITAR COM O SENHOR".

(2 CORÍNTIOS 5:8)

ENQUANTO AS ALMAS OU ESPÍRITOS DE CRENTES ESTARÃO COM CRISTO IMEDIATAMENTE APÓS A MORTE, O CORPO FÍSICO PERMANECE NO SEPULCRO "DORMINDO".

APÓS A MORTE, TODOS MORAM NUM INFERNO OU CÉU "TEMPORÁRIO".

PROVAVELMENTE, PESSOAS TERÃO UM CORPO TEMPORÁRIO DURANTE ESSE TEMPO, ANTES DO ESPÍRITO SER REUNIDO COM SEU CORPO RESSURRETO.

(JOÃO 5:29)

> A BÍBLIA ENSINA QUE, NA RESSURREIÇÃO, CORPO E ALMA SERÃO REUNIDOS.

> MAS O DESTINO QUE AS PESSOAS ESCOLHERAM ANTES DA MORTE NÃO MUDARÁ.

> ALGUNS SUBIRÃO PARA A RESSURREIÇÃO DOS JUSTOS.

> OUTROS EXPERIMENTARÃO A RESSURREIÇÃO PARA A CONDENAÇÃO.

(JOÃO 5:29)

TODOS OS CRENTES ESTARÃO NO NOVO CÉU E NA NOVA TERRA.

(APOCALIPSE 21:1)

OS INCRÉDULOS SERÃO MANDADOS AO LAGO DE FOGO.

ESSES SERÃO OS DESTINOS DEFINITIVOS E ETERNOS DE TODAS AS PESSOAS, BASEADOS NA CRENÇA (OU NÃO) DE QUE A SALVAÇÃO VIRÁ SOMENTE POR JESUS CRISTO.

(APOCALIPSE 20:11-15; MATEUS 25:46; JOÃO 3:36)

#8 A BÍBLIA MENCIONA ALIENÍGENAS OU OVNI(UFO)S?

ALIENS E NAVES ESPACIAIS FAZEM PARTE DO REPERTÓRIO DA CULTURA POP MUNDIAL, E FAZEM PARTE DO NOSSO IMAGINÁRIO.

O HOMEM MODERNO JÁ MANDOU NAVES ESPACIAIS PARA QUASE TODO PLANETA EM NOSSO SISTEMA SOLAR.

MARTE E, POSSIVELMENTE, UMA LUA DE JÚPITER SÃO OS ÚNICOS CANDIDATOS A TEREM ALGUM TIPO DE VIDA.

DUAS NAVES ESPACIAIS EM MARTE, INCLUSIVE A PATHFINDER, COLHERAM MUITAS AMOSTRAS E CONDUZIRAM MUITAS EXPERIÊNCIAS.

ELAS NÃO ACHARAM NENHUM SINAL DE VIDA.

> MAS SE ALGUÉM FOSSE AO DESERTO MAIS ESTÉRIL OU A TERRA CONGELADA DA ANTÁRTIDA, AS ACHARIA CHEIAS DE MICRORGANISMOS.

> ASTRÔNOMOS ESTÃO CONSTANTEMENTE ACHANDO NOVOS PLANETAS, MAS A VERDADE É QUE NENHUM CHEGOU PERTO DE UM SISTEMA QUE TENHA VIDA.

> A BÍBLIA ENSINA QUE A TERRA E A HUMANIDADE SÃO ÚNICOS NA CRIAÇÃO DE DEUS E GÊNESIS 1 ENSINA QUE DEUS CRIOU A TERRA ANTES DO SOL, LUA OU ESTRELAS.

(GÊNESIS 1:1–2)

A BÍBLIA TAMBÉM NOS DIZ QUE, DEPOIS QUE O PRIMEIRO HOMEM E A PRIMEIRA MULHER PECARAM, A DOENÇA E A MORTE ENTRARAM NO MUNDO.

SE TODA A CRIAÇÃO SOFRE SOB A MALDIÇÃO DO PECADO, ENTÃO DEVE SER O MESMO PARA QUALQUER VIDA SEPARADA DA TERRA.

AS PESSOAS QUE ACREDITAM NA EVOLUÇÃO QUEREM MUITO ACHAR OUTRO PLANETA EM OUTRO SISTEMA SOLAR, PARA APOIAR A TESE DE QUE A VIDA DEVE TER EVOLUÍDO.

PROJETO SETI

MAS AS ESCRITURAS ENSINAM QUE DEUS FEZ DE UM HOMEM O PAI DA HUMANIDADE, PARA ESPALHAR A SUA DESCENDÊNCIA SOBRE A FACE DA TERRA. ASSIM TAMBÉM DETERMINOU O LIMITE DOS NOSSOS ANOS.

A SUA ESPERANÇA É DE QUE AS PESSOAS O BUSCARIAM, NA EXPECTATIVA DE ACHAR O CAMINHO ATÉ O SEU CRIADOR.

(ATOS 17:26-27)

NÃO HÁ RAZÃO PARA ATRIBUIR FENÔMENOS INEXPLICÁVEIS A ALIENÍGENAS OU OVNIS.

SE HÁ UMA CAUSA DESSES EVENTOS, É PROVAVELMENTE DE ORIGEM DEMONÍACA.

A BÍBLIA, QUE É UMA REVELAÇÃO ESCRITA DE DEUS, NÃO DIZ NADA SOBRE ALIENÍGENAS NO RELATO DA CRIAÇÃO E NÃO SÃO MENCIONADOS EM QUALQUER OUTRO LUGAR NAS ESCRITURAS.

SATANÁS E OS DEMAIS ANJOS CAÍDOS TÊM O MESMO DESEJO DESDE O INÍCIO DO MUNDO...

MAS A BÍBLIA NOS FALA DE VISITANTES DE OUTRO MUNDO, QUE SÃO TIPOS DE DEMÔNIOS (ANJOS CAÍDOS), QUE POSSUEM MUITOS RELATOS E REGISTROS DE APARIÇÕES.

...AFASTAR O HOMEM DO LOUVOR A DEUS E VIRAR A ATENÇÃO DA HUMANIDADE CONTRA ELA MESMO.

GÊNESIS 6 DESCREVE ESSAS VISITAS, E A CULTURA MAIS ANTIGA CONHECIDA, OS SUMÉRIOS, DESCREVERAM OS "ANUNNAKI".

DIVINDADES QUE VIERAM DO CÉU PARA HABITAR NA TERRA COM OS HOMENS, FREQUENTEMENTE NA FORMA DE COBRAS.

VOCÊ DEVE SER COMO DEUS.

DA EXPERIÊNCIA DE EVA, PODEMOS APRENDER QUE DEMÔNIOS USAM A TENTAÇÃO DE SABEDORIA SUPREMA PARA ENROSCAR OS HOMENS, E QUE SOMOS MUITO SUSCETÍVEIS A ESSE ARTIFÍCIO.

POR ESSA RAZÃO, É BEM PLAUSÍVEL QUE OS "ALIENS" SEJAM PARTE DAS FRAUDES QUE SE MULTIPLICAM NESTA ERA EM QUE A HUMANIDADE VIVE.

A BÍBLIA JÁ ALERTAVA QUE AS PESSOAS NÃO ACREDITARIAM NA VERDADE...

...MAS QUE SERIAM SEDUZIDAS POR VÁRIAS MENTIRAS.

"HOMEM MACACO"

FASE PRECOCE

(GÊNESIS 6:1-4; MATEUS 24:24; 2 TESSALONICENSES 2:9-11)

A BÍBLIA TAMBÉM PREVÊ A VINDA DO "SEM LEI QUE ESTARÁ EM CONCORDÂNCIA COM OS SINAIS E AS MARAVILHAS", SERVINDO AO PROPÓSITO DA ENGANAÇÃO.

A BÍBLIA NOS DIZ QUE O MUNDO SE UNIRÁ SOB O PODER DESSE HOMEM CHAMADO DE "ANTICRISTO".

COMO O ANTICRISTO UNIRÁ TODAS AS RELIGIÕES DO MUNDO, É POSSÍVEL QUE ELE (POSSESSO POR UM DEMÔNIO) POSSA ALEGAR TER UM DESENVOLVIMENTO EVOLUCIONÁRIO SUPERIOR.

OU ELE PODE ALEGAR SER UM ENVIADO DOS ALIENÍGENAS PARA SALVAR E UNIR O MUNDO.

SATÃ É UM MESTRE DA MANIPULAÇÃO, ENTÃO HÁ UMA VARIEDADE DE OPÇÕES POSSÍVEIS DE ACONTECEREM COM O ANTICRISTO, O QUE INCLUI ALGUM APELO POR ALIENÍGENAS.

(APOCALIPSE 13:1-10)

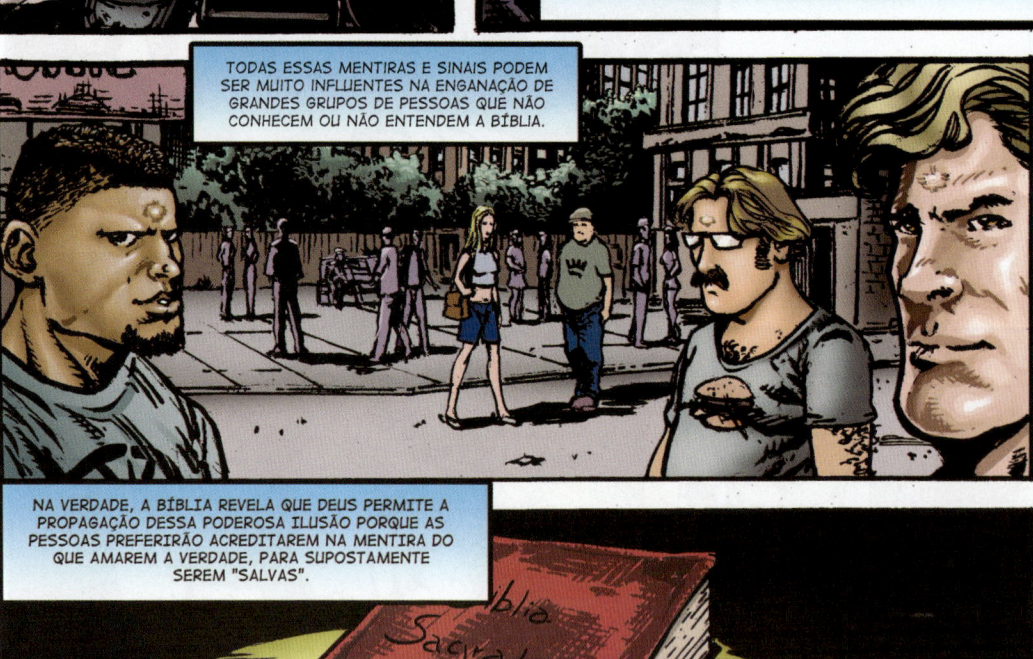

CIENTISTAS E ESPECIALISTAS PODEM PROCLAMAR QUE UMA CRIATURA "ALTAMENTE EVOLUÍDA" ESTARIA VISITANDO COM NOVIDADES "DIVINAS" PARA SALVAR A TERRA.

ESSE ENGANO PODE INCLUIR TAMBÉM UMA EXPLICAÇÃO "EXTRATERRESTRE" PELA VIDA NA TERRA, RELIGIÕES DO MUNDO E SINAIS MILAGROSOS. PODE SER TAMBÉM MUITO PERSUASIVO EM ENGANAR PESSOAS QUE CONHECEM OU ENTENDEM A BÍBLIA.

TODAS ESSAS MENTIRAS E SINAIS PODEM SER MUITO INFLUENTES NA ENGANAÇÃO DE GRANDES GRUPOS DE PESSOAS QUE NÃO CONHECEM OU NÃO ENTENDEM A BÍBLIA.

NA VERDADE, A BÍBLIA REVELA QUE DEUS PERMITE A PROPAGAÇÃO DESSA PODEROSA ILUSÃO PORQUE AS PESSOAS PREFERIRÃO ACREDITAREM NA MENTIRA DO QUE AMAREM A VERDADE, PARA SUPOSTAMENTE SEREM "SALVAS".

A BÍBLIA AINDA É A FONTE MAIS CONFIÁVEL SOBRE TODAS AS COISAS – TERRESTRES OU EXTRATERRESTRES!

(2 TESSALONICENSES 2:9-11; 2 TIMÓTEO 3:16)

#9 O QUE É A TRINDADE?

A DOUTRINA DA TRINDADE – UM DEUS QUE EXISTE EM TRÊS PESSOAS DIFERENTES, É UMA FONTE DE CONFLITO E EQUÍVOCO ENTRE OS CRENTES E INCRÉDULOS, DESDE QUANDO CRISTO ESTEVE AQUI NA TERRA.

UMA RAZÃO PELA CONFUSÃO É QUE A PALAVRA "TRINDADE" NUNCA FOI USADA NA BÍBLIA. NINGUÉM PODE IR A UM CAPÍTULO E VERSÍCULO PARA ACHAR A PALAVRA TRINDADE.

A DOUTRINA DA TRINDADE NÃO É ÓBVIA, MAS SIM LATENTE NAS ESCRITURAS.

O "PROBLEMA" POR TRÁS DA TRINDADE É A CRENÇA CRISTÃ DE QUE JESUS É O FILHO DE DEUS.

OS CRISTÃOS PRIMITIVOS TIVERAM QUE RESPONDER UMA PERGUNTA IMPORTANTE...

COMO VOCÊ PODE ACREDITAR EM JESUS E AINDA SER MONOTEÍSTA?

ELES TIVERAM QUE EXPLICAR O FATO DE QUE EXISTE UM SÓ DEUS, MAS QUE JESUS TAMBÉM ERA DEUS.

OBS: O MONOTEÍSMO É A CRENÇA EM UM ÚNICO DEUS.

A IGREJA PRIMITIVA TINHA QUE DISTINGUIR ENTRE QUEM É JESUS E O QUE É JESUS.

TANTO OS CRISTÃOS PRIMITIVOS, QUE VIRAM E ANDARAM COM JESUS, COMO TAMBÉM SEUS POSTERIORES DISCÍPULOS, TODOS ENTENDERAM E ENSINARAM ISSO...

O QUE JESUS É - É DEUS EM ESSÊNCIA.

QUEM JESUS É - É O FILHO DE DEUS.

E O DEUS PAI - O QUE ELE É - É DEUS.

QUEM ELE É - O PAI DE JESUS CRISTO.

COMO VEREMOS, DEUS É UM "QUE", MAS TRÊS "QUEMS".

A COISA MAIS DIFÍCIL SOBRE O CONCEITO CRISTÃO DA TRINDADE É QUE NÃO HÁ UMA FORMA PERFEITA DE ENTENDÊ-LA COMPLETAMENTE.

DEUS É TÃO INFINITAMENTE SUPERIOR A NÓS, QUE NÓS HUMANOS NÃO DEVEMOS ESPERAR QUE SEREMOS CAPAZES DE ENTENDER DEUS COMPLETAMENTE.

AFINAL, ELE NOS CRIOU, NÓS NÃO O CRIAMOS.

UM BOM LUGAR PARA ACHAR O ENTENDIMENTO DA TRINDADE É A VIDA DE JESUS CRISTO.

OLHANDO PARA EVENTOS DE SUA VIDA, NÃO ENCONTRAREMOS A PALAVRA TRINDADE, MAS VEREMOS A TRINDADE EM AÇÃO EM CADA UM DESSES EVENTOS:

NO NASCIMENTO DE JESUS, PODEMOS VER QUE AS TRÊS PESSOAS DA TRINDADE ESTÃO ENVOLVIDAS.

O ESPÍRITO SANTO VIRÁ SOBRE VOCÊ E O PODER DO ALTÍSSIMO TE ENVOLVERÁ.

ASSIM, AQUELE QUE HÁ DE NASCER SERÁ CHAMADO SANTO, FILHO DE DEUS.

QUANDO JESUS ESTAVA SENDO BATIZADO POR JOÃO BATISTA E, ENQUANTO ORAVA, O CÉU SE ABRIU E O ESPÍRITO SANTO DESCEU SOBRE ELE NA FORMA FÍSICA DE UMA POMBA.

Tu és o meu Filho amado: em ti me agrado.

(LUCAS 1:30; LUCAS 3:21; MATEUS 3:16-17)

NA TENTAÇÃO, JESUS FOI GUIADO PELO ESPÍRITO SANTO AO DESERTO, ONDE PASSOU 40 DIAS SENDO TENTADO PELO DIABO.

TUDO ISSO LHE DAREI, SE PROSTRAR-SE DIANTE DE MIM E ME LOUVAR.

LONGE DE MIM, SATANÁS! PORQUE FOI ESCRITO: LOUVE AO SENHOR, VOSSO DEUS, E SIRVA SOMENTE A ELE.

PAI, TE AGRADEÇO POIS ME OUVIU.

LÁZARO, SAIA DAÍ!

NA RESSURREIÇÃO DE LÁZARO, TAMBÉM VEMOS AS TRÊS PESSOAS DA TRINDADE TRABALHANDO.

EMBORA O ESPÍRITO SANTO NÃO É MENCIONADO EXPLICITAMENTE AQUI, A BÍBLIA DIZ QUE SOMENTE O ESPÍRITO DÁ VIDA.

(LUCAS 4:1-8; JOÃO 11:38-43)

NA MORTE DE JESUS NA CRUZ, A TRINDADE TAMBÉM PODE SER VISTA.

MEU DEUS, MEU DEUS, POR QUE ME DEIXASTE?

O AUTOR DO LIVRO DE HEBREUS DIZ QUE JESUS SE OFERECEU NA CRUZ POR MEIO DO ESPÍRITO ETERNO.

NA PÓS-RESSURREIÇÃO...

NÃO SE APEGUEM A MIM, PORQUE AINDA NÃO RETORNEI AO PAI.

VÁ E DIGA AOS MEUS IRMÃOS QUE EU ESTOU VOLTANDO AO MEU PAI, QUE É O PAI DE VOCÊS, AO MEU DEUS, QUE É O DEUS DE VOCÊS.

NA SUA ASCENSÃO:

NÃO LHES COMPETE SABER OS TEMPOS OU AS DATAS QUE O PAI ESTABELECEU PELA SUA PRÓPRIA AUTORIDADE.

MAS RECEBERÃO PODER QUANDO O ESPÍRITO SANTO DESCER SOBRE VOCÊS, E SERÃO MINHAS TESTEMUNHAS EM JERUSALÉM, EM TODA A JUDÉIA E SAMARIA, E ATÉ OS CONFINS DA TERRA.

O LIVRO DE ROMANOS DIZ QUE "MEDIANTE O ESPÍRITO DE SANTIDADE FOI DECLARADO FILHO DE DEUS COM PODER, PELA SUA RESSURREIÇÃO DENTRE OS MORTOS".

(MATEUS 27:46; HEBREUS 9:14; ROMANOS 1:4; JOÃO 20:17; ATOS 1:7)

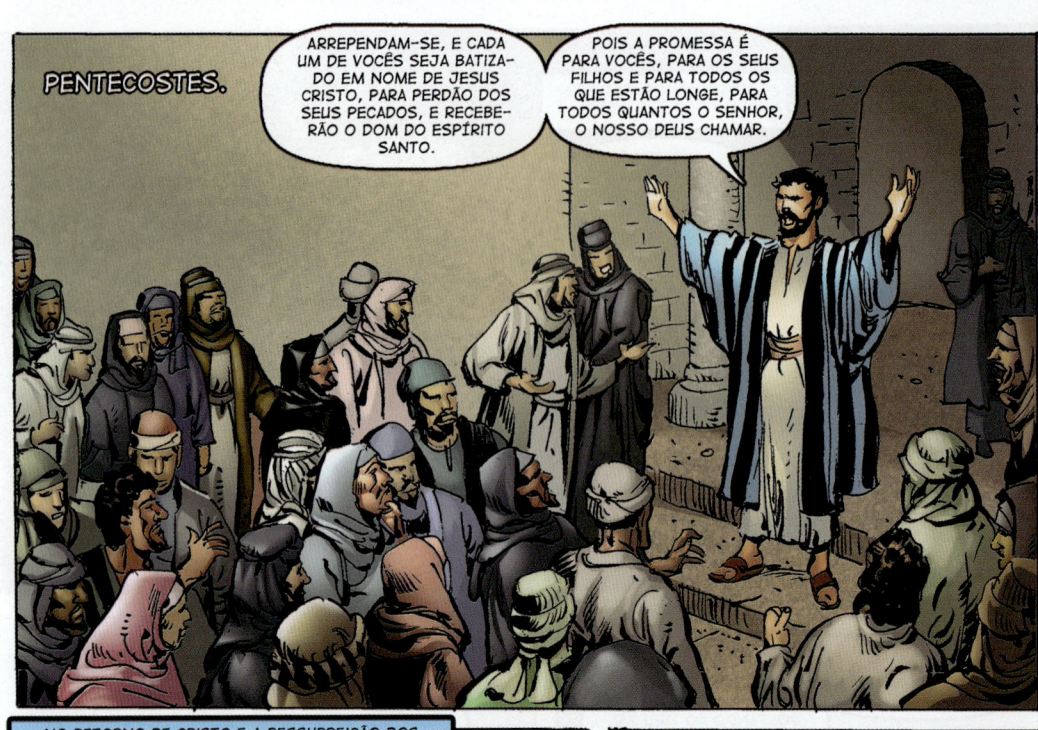

PENTECOSTES.

ARREPENDAM-SE, E CADA UM DE VOCÊS SEJA BATIZADO EM NOME DE JESUS CRISTO, PARA PERDÃO DOS SEUS PECADOS, E RECEBERÃO O DOM DO ESPÍRITO SANTO.

POIS A PROMESSA É PARA VOCÊS, PARA OS SEUS FILHOS E PARA TODOS OS QUE ESTÃO LONGE, PARA TODOS QUANTOS O SENHOR, O NOSSO DEUS CHAMAR.

NO RETORNO DE CRISTO E A RESSURREIÇÃO DOS MORTOS, SUBIREMOS PELO PODER DO ESPÍRITO ENQUANTO SOMOS AVIVADOS POR CRISTO.

ENTÃO O FIM VIRÁ, QUANDO ELE ENTREGAR O REINO AO DEUS PAI, DEPOIS DE DESTRUIR TODO DOMÍNIO, AUTORIDADE E PODER.

E QUANDO ORARMOS, ORAREMOS AO DEUS PAI, ASSIM COMO SEU FILHO JESUS CRISTO NOS ENSINOU.

OREMOS EM NOME DE JESUS, E O ESPÍRITO SANTO QUE HABITA EM NÓS, AJUDARÁ A ORARMOS, NOS ASSEGURANDO DE QUE SOMOS SEUS FILHOS.

(ATOS 2:38-39; 1 CORÍNTIOS 15; MATEUS 6:9-13; ROMANOS 8:16)

ALGUNS CONCEITOS CHAVE PARA LEMBRAR A RESPEITO DA TRINDADE:

🗝 Existe somente um Deus. *(Deuteronômio 6:41; 1 Coríntios 8:6)*

🗝 A Trindade consiste em três pessoas. *(Gênesis 1:1, 26, 3:22, 11:7; Isaías 6:8, 48:16, 61:1; Mateus 3:16-17)*

🗝 Os membros da Trindade são distinguidos uns dos outros em vários textos bíblicos.

- No Antigo Testamento, "Senhor" (do hebraico Elohim) é um pronome plural (equivalente a nós), diferente de "Senhor" (que significa Jeová). *(Gênesis 19:24; Odéias 1:4)*

- O Senhor tem um filho *(Salmos 2:7; Provérbios 30:2-4)*

- O Espírito é distinto de "Senhor" *(Números 27:18)* e de "Deus" *(Salmos 51:10-12)*

🗝 No novo testamento, Jesus fala com o Pai sobre enviar um ajudante, o Espírito Santo (João 14:16-17). Isso mostra que Jesus não considerou ele mesmo ser o Pai ou o Espírito Santo. Cada membro da Trindade é Deus.

- O Pai é Deus *(João 6:27)*

- O Filho é Deus *(João 1:1)*

- O Espírito Santo é Deus *(Atos 5:3-41)*

🗝 Há subordinação dentro da Trindade.

- O Espírito Santo é subordinado ao Pai e ao Filho, e o Filho é subordinado ao Pai. Isso é um relacionamento interno e não nega a divindade de qualquer pessoa da Trindade.

🗝 Os indivíduos da Trindade têm tarefas diferentes.

- O Pai é a principal fonte ou causa do universo, revelação divina e da salvação, além das obras humanas de Jesus. *(1 Coríntios 8:6; Apocalipse 4:11, 1:1; João 3:16-17, 5:17, 14:10)*

- O Filho é o agente por quem o Pai cria e mantém o universo, dá revelação divina e provê a salvação. *(1 Coríntios 8:6; João 1:3, 1:1, 16:12-15, 4:42; Colossenses 1:16-27; Mateus 11:27, 1:21; Apocalipse 1:1; 2 Coríntios 5:19)*

- O Espírito Santo é o meio por quem o Pai cria e mantém o universo, dá revelação, opera as obras de Jesus, as convicções do pecado e traz a salvação. *(Gênesis 1:2; Jó 26:13; Salmos 104:30; João 16:12-15, 16:8, 3:6; Efésios 3:5; 2 Pedro 1:21; Tito 3:5; 1 Pedro 1:; Isaías 61:1; Atos 10:38)*

O PAI É DEUS, O FILHO É DEUS E O ESPÍRITO SANTO É DEUS – MAS HÁ SOMENTE UM DEUS.

ESSA É A DOUTRINA BÍBLICA DA TRINDADE.
ALÉM DISSO, HÁ VÁRIAS QUESTÕES NÃO ESSENCIAIS QUE PODEM SER DEBATIDAS.
MAIS DO QUE TENTAR DEFINIR A TRINDADE COM AS NOSSAS MENTES HUMANAS FINITAS, NOS SERVIRIA MAIS FOCAR NO FATO DA GRANDEZA DE DEUS E A SUA NATUREZA INFINITAMENTE SUPERIOR.

A TRINDADE DÁ PODER E REALIDADE A NOSSA VIDA CRISTÃ ATÉ QUANDO NÃO A ENTENDEMOS!

EMBORA NÃO HAJA UMA FORMA PERFEITA DE EXPLICAR A TRINDADE, ABAIXO SEGUE UM SÍMBOLO QUE ALGUNS ACHAM ÚTIL NA COMPREENSÃO DA TRINDADE.

#10 HAVERÁ ANIMAIS E ANIMAIS DE ESTIMAÇÃO NO PARAÍSO?

OS RELACIONAMENTOS COM ANIMAIS SÃO IMPORTANTES NAS NOSSAS VIDAS E TEMOS AFETO DADO POR DEUS PELOS ANIMAIS.

A BÍBLIA FALA MUITO DE ANIMAIS E DEUS DÁ GRANDE SIGNIFICADO ÀQUELES QUE SÃO OS MAIS IMPACTANTES HABITANTES DA TERRA, DEPOIS DA HUMANIDADE.

O PROFETA ISAÍAS FALOU DE UM TEMPO VINDOURO EM QUE OS HOMENS, ANIMAIS E MEIO AMBIENTE COEXISTIRIAM EM PLENA PAZ.

O LOBO E O CORDEIRO VÃO DEITAR-SE JUNTOS... ELES NÃO VÃO PREJUDICAR OU DESTRUIR NO MEU SANTO MONTE.

AS ESCRITURAS ENSINAM: AQUILO QUE FOI PERDIDO NO JARDIM DO ÉDEN SERÁ RESTAURADO POR DEUS NA NOVA TERRA.

(ISAÍAS 11:6-9, 65:17, 66:2, 65:25)

POR TODAS AS ESCRITURAS, DEUS USA OS ANIMAIS PARA CUMPRIR OS SEUS PROPÓSITOS.

UM PROFETA SENDO ALIMENTADO POR CORVOS, UM BURRO CARREGANDO JESUS, UM PEIXE ENGOLINDO JONAS –

E UM BURRO PARA CHAMAR A ATENÇÃO DE BALAÃO.

EM VÁRIOS LUGARES, A BÍBLIA RELATA A PREOCUPAÇÃO DE DEUS PELOS ANIMAIS.

NA HISTÓRIA DE JONAS, UMA DAS COISAS QUE DEUS DIZ A JONAS, ALÉM DE SUA PREOCUPAÇÃO PELAS PESSOAS, ERA TAMBÉM A PREOCUPAÇÃO PELO GADO.

DEUS NOS CRIOU PARA SERMOS MORDOMOS DOS ANIMAIS E NÃO MALTRATÁ-LOS.

NO LIVRO DE SALMOS E NO ÚLTIMO LIVRO DA BÍBLIA, APOCALIPSE, LEMOS COMO OS ANIMAIS TAMBÉM LOUVAM A DEUS.

A PREOCUPAÇÃO DE DEUS PELOS ANIMAIS É VISTA TAMBÉM NOS DEZ MANDAMENTOS, ONDE ELE QUIS QUE OS ANIMAIS TIVESSEM O SEU DESCANSO NO SÁBADO.

(JONAS 4:11; DEUTERONÔMIO 5:14; PROVÉRBIOS 12:10; APOCALIPSE 5:13)

NO LIVRO DE ROMANOS, O APÓSTOLO PAULO INDICA QUE AS QUALIDADES INVISÍVEIS DE DEUS E SEUS ATRIBUTOS DIVINOS SÃO VISTOS NA CRIAÇÃO.

ISSO INCLUI NÃO SOMENTE OS CORPOS CELESTES E A NATUREZA, MAS OS ANIMAIS TAMBÉM.

QUANDO ADÃO FOI CRIADO, DEUS O CERCOU DE ANIMAIS.

QUANDO NOÉ FOI LIBERTO –

DEUS O CERCOU DE ANIMAIS.

QUANDO JESUS NASCEU – DEUS O CERCOU DE ANIMAIS.

COMO MOSTRADO POR MUITAS ESCRITURAS, DEUS SE IMPORTA COM OS ANIMAIS E TEM UM PLANO FUTURO PARA ELES.

O QUE DEUS COMEÇOU, PODEMOS ESPERAR QUE ELE TERMINE BEM.

JÁ EXPERIMENTAMOS O PARAÍSO PERDIDO NO ÉDEN, MAS NA NOVA TERRA TEREMOS O PARAÍSO RESTAURADO.

(ROMANOS 1:20; GÊNESIS 2:19-20, 7:14-16; LUCAS 2:7)

QUANDO DEUS SOPROU O ESPÍRITO NO CORPO DE ADÃO, FEITO DO SOLO, ELE SE TORNOU UM NEPHESH – OU SER VIVO.

A PALAVRA HEBRAICA NEPESH SIGNIFICA "SER VIVO" OU "ALMA".

ANIMAIS, COMO OS HUMANOS, FORAM CRIADOS DO SOLO.

A MESMA PALAVRA – NEPHESH – É USADA PARA OS ANIMAIS – QUE TAMBÉM TÊM O FÔLEGO DA VIDA NELES.

QUANDO DEUS CRIOU OS ANIMAIS, ELE DISSE QUE "ERA BOM".

O HOMEM NÃO EVOLUIU DOS ANIMAIS, MAS FOI CRIADO SEPARADAMENTE DELES.

O HOMEM FOI CRIADO SEGUNDO A IMAGEM DE DEUS – COM UMA CONSCIÊNCIA – E, COMO O SEU CRIADOR, COM MORAL, RAZÃO, EMOÇÃO E SOCIABILIDADE.

O CORPO DO HOMEM ERA PERFEITO, UM REFLEXO DA SANTIDADE DE DEUS.

ELE FOI CRIADO POR ÚLTIMO – E FOI O "TOQUE FINAL" DE DEUS.

MAS AMBOS, HOMENS E ANIMAIS, TÊM ISSO EM COMUM – SÃO SERES VIVOS – OU NEPHESH – CRIADOS POR UM CRIADOR.

(GÊNESIS 2:7, 2:19, 1:25)

QUANDO ADÃO E EVA PECARAM, E O PECADO ENTROU NO MUNDO, OS ANIMAIS TAMBÉM SOFRERAM COMO PARTE DA MALDIÇÃO DO PECADO NA HUMANIDADE E NO MUNDO.

A BÍBLIA REGISTRA QUE, DEPOIS DE MUITAS GERAÇÕES, A HUMANIDADE SE CORROMPEU TANTO E SE TORNOU TÃO VIOLENTA QUE DEUS DISSE A NOÉ QUE ELE DESTRUIRIA A HUMANIDADE E COMEÇARIA DE NOVO.

MAS QUANDO DEUS SALVOU AS PESSOAS DA DESTRUIÇÃO DO DILÚVIO, ELE TAMBÉM SALVOU OS ANIMAIS – OS COMPANHEIROS E AJUDANTES DAS PESSOAS.

QUANDO DEUS FEZ O PACTO COM NOÉ, ELE DISSE QUE A ALIANÇA ERA COM NOÉ E COM TODA A CRIATURA VIVA QUE ESTIVESSE COM ELE.

ANIMAIS, INCLUSIVE OS DINOSSAUROS, FAZIAM PARTE DA CRIAÇÃO ORIGINAL DE DEUS. OS ANIMAIS TERRESTRES FORA DA ARCA MORRERAM NO DILÚVIO.

(GÊNESIS 6:11-13, 9:9-17, 6:19-20, 9:8-11)

SE O PLANO DE DEUS PARA A TERRA PÓS-DILÚVIO INCLUÍA OS ANIMAIS – É BEM PROVÁVEL QUE O PLANO DE DEUS PARA A NOVA TERRA TAMBÉM INCLUIRÁ OS ANIMAIS.

A BÍBLIA DIZ QUE O PRIMEIRO JULGAMENTO DE DEUS FOI PELA ÁGUA (O DILÚVIO), MAS O SEU JULGAMENTO FINAL SERÁ PELO FOGO.

SE O RESGATE DOS ANIMAIS FEZ PARTE DO PRIMEIRO JULGAMENTO, ENTÃO PODEMOS ANTECIPAR QUE O RESGATE E RESTAURAÇÃO DE DEUS AOS ANIMAIS ACONTECERÃO APÓS O SEGUNDO JULGAMENTO.

FALANDO DO IMPACTO E ALCANCE DA RESSURREIÇÃO DE CRISTO, E A REDENÇÃO DO MUNDO POR DEUS, O APÓSTOLO PAULO ESCREVEU ISSO...

A CRIAÇÃO POR SI MESMA SERÁ LIBERTADA DA ESCRAVIDÃO E DECADÊNCIA, E TERÁ A LIBERDADE GLORIOSA DOS FILHOS DE DEUS.

CRISTO NÃO MORREU PELOS ANIMAIS DA MESMA FORMA QUE MORREU PELOS PECADOS DA HUMANIDADE, MAS ELE MORREU INDIRETAMENTE PELOS ANIMAIS PORQUE TODA A CRIAÇÃO (INCLUSIVE OS ANIMAIS) SERÁ REDIMIDA.

(GÊNESIS 9:9-17; 2 PEDRO 3:5-7; ROMANOS 8:21-23)

FAZ TODO SENTIDO ACREDITARMOS QUE A REDENÇÃO DA CRIAÇÃO DE DEUS SERÁ COMPLETA O SUFICIENTE PARA INCLUIR ANIMAIS EXTINTOS HÁ TEMPOS ATRÁS.

DEUS IRÁ RESSUSCITAR OS SERES HUMANOS QUE SOFRERAM NO MUNDO ANTIGO - NÃO VAI CRIAR NOVOS SERES.

A CONCLUSÃO LÓGICA É QUE DEUS IRÁ TAMBÉM RESSUSCITAR ALGUNS DOS VELHOS ANIMAIS DA ANTIGA TERRA.

OS ANIMAIS FORAM CRIADOS PARA A GLÓRIA DE DEUS E TAMBÉM REPRESENTAM A SUA GRANDEZA, ENTÃO POR QUE NÃO TÊ-LOS MAIS?

DEUS NÃO ERROU AO CRIAR DINOSSAUROS OU QUALQUER OUTRA CRIATURA. TODA A CRIAÇÃO EXIBE A SUA GLÓRIA.

NÃO HÁ RAZÃO PARA ELE NÃO CRIAR UM VERDADEIRO PARQUE DE DINOSSAUROS - MAS UM PARQUE DE PAZ - QUANDO ELE FIZER UMA NOVA TERRA.

(JÓ 39-41)

DEUS CRIOU OS ANIMAIS COM AS SUAS QUALIDADES CATIVANTES E OS USOU VÁRIAS VEZES PARA NOS TOCAR E AQUECER OS NOSSOS CORAÇÕES.

A BÍBLIA NOS DEIXA O ALEGRE RECADO DE QUE TODA A CRIAÇÃO (INCLUSIVE OS ANIMAIS) RECEBERÁ A LIBERDADE GLORIOSA DOS FILHOS DE DEUS.

NA NOVA TERRA, APÓS A RESSURREIÇÃO DA HUMANIDADE, OS ANIMAIS QUE UMA VEZ SOFRERAM IRÃO SE JUNTAR AOS FILHOS DE DEUS NUM NOVO E PERFEITO MUNDO.

JESUS NOS DIZ QUE DEUS É MELHOR DO QUE NÓS EM DAR PRESENTES AOS SEUS FILHOS.

NÃO SE PODE DIZER COM CERTEZA – MAS BASEADO EM MUITAS REFERÊNCIAS DAS ESCRITURAS SOBRE ANIMAIS NO CÉU, COMO TAMBÉM O CARÁTER GENEROSO DE DEUS AOS SEUS FILHOS – É BEM PROVÁVEL QUE OS SEGUIDORES DE DEUS PODEM ESPERAR UM ENCONTRO COM OS ANIMAIS E TAMBÉM OS SEUS PETS!

ESTOU FAZENDO NOVAS TODAS AS COISAS.

(ROMANOS 8:21-23; MATEUS 7:9-10; APOCALIPSE 21:5)

#11 O QUE A BÍBLIA DIZ SOBRE OS HOMENS DA CAVERNA?

O TERMO HOMEM DA CAVERNA É USADO INDISTINTAMENTE PELA MAIORIA DAS PESSOAS PARA FALAR SOBRE UM POSSÍVEL "HOMEM PRÉ-HISTÓRICO" OU "NEANDERTAL".

A PALAVRA "PRÉ-HISTÓRICA" SIGNIFICA PERTENCENDO A ERA ANTES DA HISTÓRIA ESCRITA.

A MAIORIA DOS DESENHOS DE HOMENS DA "CAVERNA" PRÉ-HISTÓRICOS OS MOSTRA COMO CRIATURAS PELUDAS, METADE MACACO, METADE HUMANO.

ELES SÃO RETRATADOS USANDO SOMENTE FERRAMENTAS DE PEDRA, MORANDO EM CAVERNAS COM UMA CHAMA AO REDOR.

PORÉM, A BÍBLIA NÃO USA AS PALAVRAS "HOMENS DA CAVERNA", "NEANDERTAL" – OU QUALQUER OUTRA DESCRIÇÃO DO HOMEM PRÉ-HISTÓRICO.

A TEORIA MAIS POPULAR EVOLUCIONISTA ACREDITA QUE AMBOS, HOMEM E MACACO, EVOLUÍRAM DO MESMO ANCESTRAL COMUM.

E DEPOIS, NUMA CERTA FASE DE DESENVOLVIMENTO EVOLUCIONÁRIO, O HOMEM SE DESENVOLVEU O SUFICIENTE PARA CRIAR FERRAMENTAS BRUTAS E MORAR EM CAVERNAS.

ESSE SISTEMA DE CRENÇAS É CONTRÁRIO AO RELATO BÍBLICO DA CRIAÇÃO, RETRATANDO-O COMO UMA FICÇÃO.

PORÉM, A BÍBLIA É EXPLICITAMENTE CLARA AO DIZER QUE, NO SEXTO DIA DA CRIAÇÃO, A REALIZAÇÃO PRINCIPAL DE DEUS ACONTECEU.

...ELE CRIOU O HOMEM À SUA IMAGEM.

O HOMEM FOI CRIADO MORALMENTE PERFEITO, COM UM CORPO GENETICAMENTE PERFEITO.

O PRIMEIRO HOMEM E A PRIMEIRA MULHER PODIAM SE COMUNGAR DIRETAMENTE, EM CONVERSA AUDÍVEL, COM DEUS.

DESDE O TEMPO DE SUA CRIAÇÃO, O HOMEM FOI CRIADO PERFEITO – ELE NÃO EVOLUIU DE FORMAS DE VIDA INFERIORES.

FATO É – O HOMEM PRIMORDIAL ERA BEM INTELIGENTE.

ELE SE COMUNICAVA – CRIOU SOCIEDADES – CONSTRUIU PRÉDIOS – APRENDEU A MINAR, TRABALHAR O METAL E A CRIAR FERRAMENTAS.

(GÊNESIS 2-3)

O QUE A BÍBLIA DESCREVE É UM TEMPO DE CAOS TRAUMÁTICO MORAL DEPOIS DA MALDIÇÃO DO PECADO ENTRAR NO MUNDO.

O RESULTADO FINAL FOI UM DILÚVIO MUNDIAL QUE DESTRUIU A TERRA – EXCETO OITO PESSOAS E OS ANIMAIS.

DEPOIS DO DILÚVIO, A HUMANIDADE FOI FORÇADA A RECOMEÇAR.

POSSIVELMENTE, AS ÚNICAS FERRAMENTAS QUE TIVERAM FOI O QUE NOÉ E SEUS FILHOS LEVARAM NA ARCA.

É NESSE CONTEXTO HISTÓRICO QUE O HOMEM PROVAVELMENTE MOROU EM CAVERNAS E USOU FERRAMENTAS DE PEDRA.

ESSES PRIMEIROS HOMENS E MULHERES APÓS O DILÚVIO NÃO ERAM PRIMITIVOS – MAS ERAM DESTITUÍDOS.

(GÊNESIS 6-9)

ELES COM CERTEZA NÃO ERAM METADE MACACO.

EXISTEM RESTOS FOSSILIZADOS DE MACACOS QUE ALGUNS CIENTISTAS ENCONTRARAM. ELES TEORIZAM QUE ESSES RESTOS (MUITO PARCIAIS) SÃO ALGUM TIPO DE SER TRANSICIONAL ENTRE MACACO E HOMEM.

UM CIENTISTA OU ANTROPÓLOGO PODE ACHAR UM DENTE DEFORMADO NUMA CAVERNA E SUPOR QUE UMA CRIATURA MEIO-HOMEM DEFORMADA MOROU NA CAVERNA.

NOS DIAS PÓS-DILÚVIO, ALGUNS DOS HOMENS E MULHERES TOTALMENTE HUMANOS MORARAM EM CAVERNAS ATÉ QUE PUDESSEM CRIAR FERRAMENTAS DE NOVO E COMEÇAR A RECONSTRUIR AS SUAS SOCIEDADES.

APÓS O DILÚVIO, DEUS REAPRESENTOU A ORDEM PARA NOÉ E SEUS DESCENDENTES "SEREM FRUTÍFEROS E MULTIPLICAREM, E POVOAREM A TERRA".

A BÍBLIA DESCREVE COMO SOCIEDADES, CIDADES E GRUPOS DE POVOS COMEÇARAM A SE MUDAR E RECONSTRUIR DEPOIS DO DILÚVIO.

NESSA ÉPOCA, O MUNDO TINHA UMA LINGUAGEM COMUM.

O HOMEM RECEBEU AQUELE IDIOMA PARA COMUNICAR-SE ENTRE ELES E COM DEUS.

MAS ENQUANTO ELES SE ESPALHAVAM - UMA PORÇÃO DO GRUPO PÓS-DILÚVIO DESOBEDECEU O COMANDO DE DEUS.

(GÊNESIS 9:7, 10:11)

SOB A LIDERANÇA DO PODEROSO NIMROD, ELES DECIDIRAM PARAR NO CAMPO E ESTABELECER UMA CIDADE - E COM ELA UM MONUMENTO AO SEU PODER E ORGULHO.

ELES CRIARAM TIJOLOS PARA ESSA ESTRUTURA MAGNÍFICA.

A TORRE QUE CRIARAM NÃO PODERIA REALMENTE CHEGAR ATÉ A MORADIA MORADIA DE DEUS - MAS ELES A CONSTRUÍRAM COM UM CORAÇÃO DE ORGULHO E DESAFIO A DEUS - COMO UM MONUMENTO ÀS SUAS PRÓPRIAS HABILIDADES E FAMA.

(GÊNESIS 10:8-10)

DEUS IMEDIATAMENTE RESPONDEU A ESSA REVOLTA E O POVO FOI SEPARADO POR IDIOMAS DIFERENTES.

PORQUE NÃO PREENCHERAM A TERRA COMO DEUS MANDOU, DEUS CONFUNDIU O SEU IDIOMA PARA QUE FOSSEM FORÇADOS A SE ESPALHAR EM REGIÕES E GRUPOS ONDE SE FALAVA O IDIOMA.

AS NAÇÕES DE GÊNESIS 10

- GOMER
- TOGARMA
- TURQUIA
- HITITAS
- ASQUENAZ (CITAS)
- LUDE (LÍDIA)
- JAVÃ (GREGOS)
- IRÃ
- QUITIM (CHIPRE)
- ASSUR (ASSÍRIA)
- MADAI (MEDOS)
- ARAM (SÍRIA)
- MAR MEDITERRÂNEO
- LÍBANO
- IRAQUE
- AMORITAS
- ISRAEL
- CANAÃ
- FILISTEUS
- JORDÃO
- ELAM (PÉRSIA)
- ARPACHADE
- PUTE
- MIZRAIM (EGITO)
- EGITO
- JOCTAN (ARÁBIA)
- ARÁBIA SAUDITA
- MAR VERMELHO

A BÍBLIA INDICA QUE FOI ASSIM QUE O POVO SE ESPALHOU EM GRUPOS, COMUNIDADES E NAÇÕES.

PUTE - DESCENDENTES DE CAM.
JAVÃ (GREGOS) - DESCENDENTES DE JAFÉ (GÊN. 10:2-5)
LUDE (LÍDIA) - NOME BÍBLICO POSTERIOR - DESCENDENTES DE SEM (GÊN. 10:21-31)

A BÍBLIA É UM REGISTRO PRECISO DA HISTÓRIA HUMANA PRIMORDIAL — COMO TAMBÉM É UM DOCUMENTO CONFIÁVEL SOBRE A MANEIRA QUE DEUS QUER QUE VIVAMOS AS NOSSAS VIDAS.

(GÊNESIS 10:1-32; 11:8-9)

#12 O QUE A BÍBLIA DIZ SOBRE ANJOS?

QUANDO DEUS CRIOU O MUNDO, HAVIA DIFERENTES ORDENS DE CRIAÇÃO.

OS ANIMAIS FORAM UMA DESTAS ORDENS, ASSIM COMO OS HOMENS.

MAS ANTES DESSAS DUAS ORDENS - DEUS CRIOU UMA ORDEM ESPECIAL CHAMADA DE ANJOS.

(GÊNESIS 1:1 - 2:25; EZEQUIEL 28:12-15)

ANJOS SÃO SERES CRIADOS QUE TÊM INTELIGÊNCIA, EMOÇÕES E VONTADES.

MAS PORQUE SÃO CRIATURAS, O SEU CONHECIMENTO É LIMITADO.

COMO TODOS OS SERES CRIADOS, ELES SÃO SUJEITOS À VONTADE DE DEUS.

(MATEUS 8:29; 2 CORÍNTIOS 11:3; 1 PEDRO 1:12; LUCAS 2:13; TIAGO 2:19; APOCALIPSE 12:17; LUCAS 8:28-31)

ALGUMAS COISAS QUE OS ANJOS FAZEM É...

LOUVAR E ADORAR A DEUS.

ELES SE ALEGRAM DO QUE DEUS FAZ.

ELES SERVEM A DEUS.

(SALMOS 148:1-2; ISAÍAS 6:3; HEBREUS 1:6; APOCALIPSE 5:8-13; JÓ 38:6-7; SALMOS 103:20; APOCALIPSE 22:9)

ELES APARE-CEM DIANTE DE DEUS.

TRAZEM RESPOSTAS ÀS ORAÇÕES.

TAMBÉM SÃO INS-TRUMENTOS DO JULGAMENTO DE DEUS.

(JÓ 1:6, 2:1; ATOS 12:5-10; APOCALIPSE 7:1, 8:2)

TAMBÉM AJUDAM A TRAZER AS PESSOAS A CRISTO.

ELES OBSERVAM O NOSSO SOFRIMENTO E NOSSA DIFICULDADE.

COM UMA OBSERVAÇÃO APURADA, ELES SEGUEM O NOSSO TRABALHO E COMO AGIMOS.

(ATOS 8:26, 10:3; 1 CORÍNTIOS 4:9, 11:10; EFÉSIOS 3:10; 1 PEDRO 1:12)

BONS ANJOS SÃO ENVIADOS POR DEUS PARA AJUDAR OS CRENTES.

ELES ENCORAJAM NA HORA DO PERIGO.

E CUIDAM DO JUSTO NA HORA DA MORTE.

(HEBREUS 1:14; ATOS 27:23-24; LUCAS 16:22)

ELES APARENTAM TER MAIS CONHECIMENTO DO QUE OS HUMANOS, POSSIVELMENTE POR TRÊS RAZÕES.

PRIMEIRO, OS ANJOS FORAM CRIADOS COMO UMA ORDEM DE CRIATURAS SUPERIOR AOS HOMENS.

SEGUNDO, OS ANJOS CONHECEM A BÍBLIA E ESTUDAM O MUNDO MAIS COMPLETAMENTE DO QUE OS HUMANOS CONSEGUEM FAZER, E LOGICAMENTE ISSO OS BENEFICIA.

TERCEIRO, OS ANJOS EXPERIMENTARAM DO PASSADO E CONSEGUIRAM CONHECIMENTO POR MEIO DA OBSERVAÇÃO DAS ATIVIDADES HUMANAS.

(EZEQUIEL 28:12-14; TIAGO 2:19; APOCALIPSE 12:12)

ALGUNS ERRAM AO CRER QUE AS PESSOAS SE TORNAM EM ANJOS QUANDO MORREM.

MAS A BÍBLIA ENSINA QUE OS ANJOS SÃO UMA ORDEM DE CRIAÇÃO TOTALMENTE DIFERENTE DOS SERES HUMANOS.

OS SERES HUMANOS NÃO SE TORNAM EM ANJOS QUANDO MORREM.

OS ANJOS NUNCA SERÃO, E NUNCA FORAM, SERES HUMANOS.

ANJOS SÃO SERES ESPIRITUAIS QUE PODEM, EM CERTO GRAU, TER UMA FORMA FÍSICA.

HUMANOS SÃO CRIADOS A PRINCÍPIO COMO SERES FÍSICOS, AINDA QUE TAMBÉM TENHAM UM ESPÍRITO.

UMA DAS MAIORES COISAS QUE PODEMOS APRENDER DOS SANTOS ANJOS É A SUA OBEDIÊNCIA IMEDIATA E SEM QUESTIONAMENTO AOS COMANDOS DE DEUS.

(GÊNESIS 1:26; HEBREUS 1:14)

#13 O QUE A BÍBLIA DIZ SOBRE OS DEMÔNIOS?

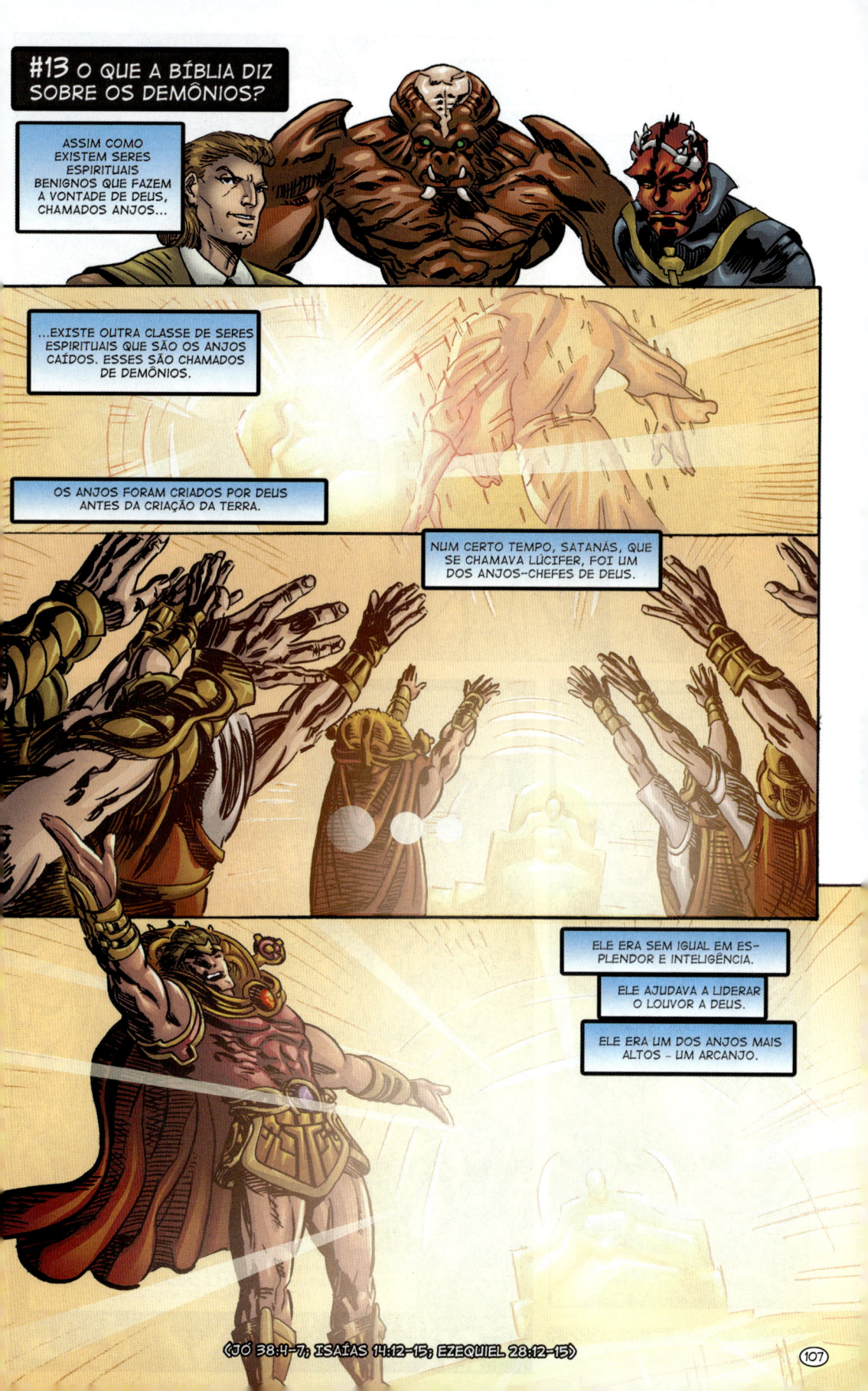

ASSIM COMO EXISTEM SERES ESPIRITUAIS BENIGNOS QUE FAZEM A VONTADE DE DEUS, CHAMADOS ANJOS...

...EXISTE OUTRA CLASSE DE SERES ESPIRITUAIS QUE SÃO OS ANJOS CAÍDOS. ESSES SÃO CHAMADOS DE DEMÔNIOS.

OS ANJOS FORAM CRIADOS POR DEUS ANTES DA CRIAÇÃO DA TERRA.

NUM CERTO TEMPO, SATANÁS, QUE SE CHAMAVA LÚCIFER, FOI UM DOS ANJOS-CHEFES DE DEUS.

ELE ERA SEM IGUAL EM ESPLENDOR E INTELIGÊNCIA.

ELE AJUDAVA A LIDERAR O LOUVOR A DEUS.

ELE ERA UM DOS ANJOS MAIS ALTOS – UM ARCANJO.

(JÓ 38:4-7; ISAÍAS 14:12-15; EZEQUIEL 28:12-15)

NÃO SABEMOS EXATAMENTE O QUE ACONTECEU, MAS A BÍBLIA DIZ QUE LÚCIFER TINHA ORGULHO EM SEU CORAÇÃO E QUE ELE QUERIA SER COMO DEUS.

SATANÁS NÃO QUERIA SOMENTE OLHAR AO TRONO DE DEUS - ELE QUERIA ESTAR NELE - ELE QUERIA SER DEUS.

INTERESSANTEMENTE - ESSA É A MESMA TENTAÇÃO E MENTIRA QUE ELE USOU NO JARDIM COM ADÃO E EVA - E USA ATÉ HOJE - ELE FALA ÀS PESSOAS QUE ELAS PODEM SER COMO DEUS.

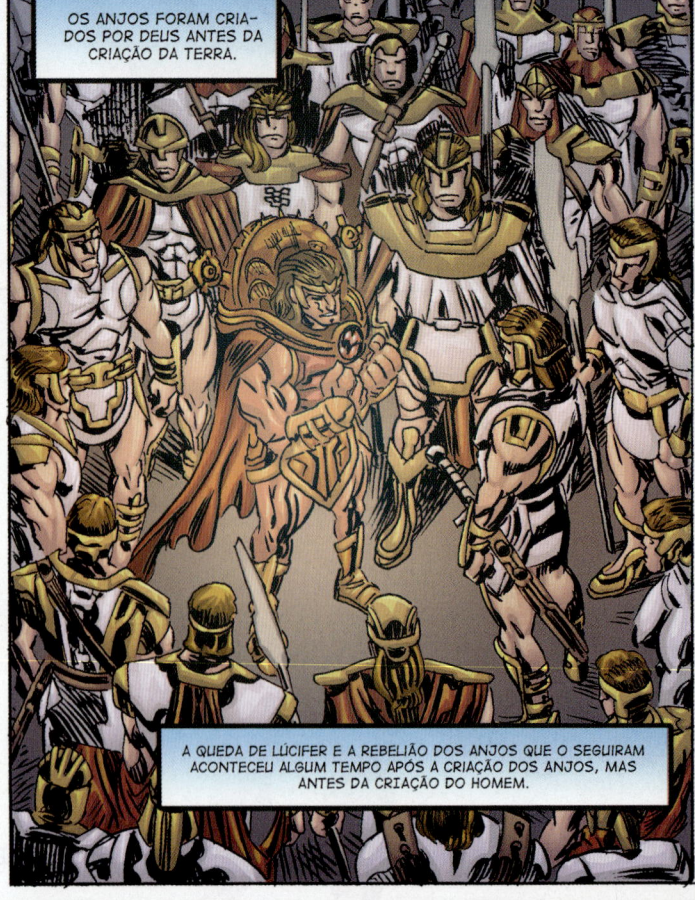

OS ANJOS FORAM CRIADOS POR DEUS ANTES DA CRIAÇÃO DA TERRA.

A QUEDA DE LÚCIFER E A REBELIÃO DOS ANJOS QUE O SEGUIRAM ACONTECEU ALGUM TEMPO APÓS A CRIAÇÃO DOS ANJOS, MAS ANTES DA CRIAÇÃO DO HOMEM.

(ISAÍAS 14:12-15; EZEQUIEL 28:12-15)

NAQUELE DIA, SATANÁS LIDEROU UMA REBELIÃO NO CÉU E A BÍBLIA INDICA QUE UM TERÇO DOS ANJOS SE JUNTOU A ELE.

NÃO SABEMOS QUANTOS ANJOS HAVIA, EXCETO QUE A BÍBLIA DIZIA TER MILHARES E MILHARES, QUE INDICA NO MÍNIMO MILHÕES.

QUANDO OCORREU A REBELIÃO, DEUS E OS SEUS SANTOS ANJOS BANIRAM ESSES ANJOS CAÍDOS DO CÉU E ELES FORAM LANÇADOS À TERRA.

(ISAÍAS 12:12-15; EZEQUIEL 28:12-15; APOCALIPSE 12:4)

> DÁ O FORA DESSE CULTO DE JOVENS! A NOSSA BALADA É MUITO MELHOR!

SATANÁS E SEUS DEMÔNIOS AGORA DESEJAM DESTRUIR E ENGANAR A HUMANIDADE, TENTANDO IMPEDI-LA DE SEGUIR E LOUVAR A DEUS.

SEMINÁRIO BÍBLICO

> ALGUNS ACADÊMICOS BÍBLICOS SENTEM QUE A MAIOR PARTE DOS QUATROS EVANGELHOS NÃO SÃO REALMENTE AS PALAVRAS DE JESUS, MAS SIM...

ELES BUSCAM ESPALHAR ENSINAMENTOS FALSOS, COMO TAMBÉM DISSEMINAR A MENTIRA.

> MORÔNI FOI O ÚLTIMO PROFETA E RETORNOU A TERRA COMO ANJO EM 1827, PARA MOSTRAR ESSE LIVRO A JOSEPH SMITH.

ELES BUSCAM DESVIAR AS PESSOAS DA CRENÇA DE QUE A BÍBLIA É A VERDADE E A SALVAÇÃO SÓ PODE SER ENCONTRADA EM JESUS CRISTO.

(1 PEDRO 5:8; 2 CORÍNTIOS 11:14-15, 4:4)

TAMBÉM SÃO DESCRITOS COMO OS "ANJOS" DE SATÃ.

FILHO, É BOM VÊ-LO NOVAMENTE.

DEMÔNIOS SÃO SERES ESPIRITUAIS, MAS PODEM APARECER EM FORMAS FÍSICAS.

Ó, GRANDE ESPÍRITO DO UNIVERSO, VENHA MORAR DENTRO DE MIM, E ENSINAR-ME.

PODEM HABITAR NAS PESSOAS QUE NÃO SÃO SEGUIDORES DE CRISTO.

(APOCALIPSE 12:9; 2 CORÍNTIOS 11:14-15)

ELES ATACAM OS CRISTÃOS MENTALMENTE E FISICAMENTE.

...E FAZEM COMBATE COM ANJOS SANTOS, TENTANDO IMPEDIR A OBRA DE DEUS.

SE MUDARMOS AS ESPECIFICAÇÕES NESSE CONTRATO, NINGUÉM VAI SABER E PODEREMOS GANHAR MAIS CEM MILHÕES...

ELES TENTAM AS PESSOAS, PARA DESVIÁ-LAS DA VONTADE DE DEUS.

(2 CORÍNTIOS 12:7; 1 PEDRO 5:8; APOCALIPSE 12:4-9; MATEUS 4:1-11)

PESSOAS QUE PROCURAM A VONTADE DE DEUS EM TABULEIROS OUIJA, HORÓSCOPOS, CRISTAIS, DROGAS, CARTAS, MAGIA E O OCULTO NÃO ESTÃO CONHECENDO O DEUS CRISTÃO.

AO INVÉS DISSO, ESTÃO MERGULHANDO NO REINO ONDE OS ANJOS CAÍDOS TRABALHAM.

PARECE QUE HÁ UMA ESTRUTURA HIERÁRQUICA DE DEMÔNIOS CHEFES, ALÉM DOS DEMÔNIOS COM MENOS PODERES.

POR ISSO QUE A ORAÇÃO, O JEJUM, A OBEDIÊNCIA E A MEMORIZAÇÃO DAS ESCRITURAS SÃO CONSIDERADAS ARMAS PARA CRENTES USAREM, NAQUILO QUE PODEMOS CONSIDERAR UMA BATALHA ESPIRITUAL...

(EFÉSIOS 6:12; DANIEL 10:13)

NA BÍBLIA, ESSES ANJOS CAÍDOS TAMBÉM SÃO CHAMADOS DE ESPÍRITOS IMPUROS OU MALIGNOS.

PORÉM, CADA VEZ QUE FORAM CONFRONTADOS POR JESUS, TIVERAM QUE SAIR.

DEIXE-ME IR COM VOCÊ.

VOLTE PARA CASA E SEUS AMIGOS E FALE O QUANTO O SENHOR FEZ POR VOCÊ, E QUANTA MISERICÓRDIA ELE TEVE POR VOCÊ.

OS DEMÔNIOS/ANJOS CAÍDOS SÃO INIMIGOS DE DEUS – MAS SÃO INIMIGOS DERROTADOS.

ASSIM COMO TEVE MUITA ATIVIDADE DEMONÍACA ENQUANTO JESUS CRISTO ESTAVA NA TERRA, PODEMOS ESPERAR UM PROVÁVEL AUMENTO DE ATIVIDADE DEMONÍACA ENQUANTO O RETORNO DE CRISTO É PRÓXIMO.

JESUS PROMETEU AOS SEUS SEGUIDORES TOTAL AUTORIDADE E PODER SOBRE OS ANJOS CAÍDOS.

ENTÃO, QUANDO FILMES TRATAM DE POSSESSÃO DEMONÍACA, NÃO TEMOS NADA A TEMER.

JESUS – NÃO A RELIGIÃO – TEM TOTAL AUTORIDADE SOBRE TODOS OS DEMÔNIOS E TODAS AS FORÇAS MALIGNAS.

(MARCOS 10:1, 5:1-20; 1 JOÃO 4:4)

#14 O QUE A BÍBLIA DIZ SOBRE OS FANTASMAS?

O INTERESSE EM FANTASMAS E COISAS "PARANORMAIS" ESTÁ SE TORNANDO CADA VEZ MAIS COMUM.

UM FERIADO AMERICANO ESPECIALMENTE SE BASEIA EM FANTASMAS E COISAS ASSUSTADORAS.

QUANDO AS PESSOAS FALAM DE FANTASMAS, QUEREM DIZER UMA DE DUAS COISAS – SERES ESPIRITUAIS OU ESPÍRITOS DE PESSOAS QUE MORRERAM.

A BÍBLIA É CLARA AO DIZER QUE ESPÍRITOS DE SERES HUMANOS QUE MORRERAM NÃO PERMANECEM NA TERRA PARA "ASSOMBRAR" AS PESSOAS.

MAS A MESMA BÍBLIA É MUITO CLARA AO DIZER QUE EXISTEM SERES ESPIRITUAIS – OS BONS E OS MAUS.

A BÍBLIA ENSINA CLARAMENTE QUE, QUANDO ALGUÉM MORRE, A ALMA-ESPÍRITO DAQUELA PESSOA ENFRENTA O JULGAMENTO.

O RESULTADO DESSE ENCONTRO É O CÉU PARA O CRENTE...

...OU O INFERNO PARA O INCRÉDULO.

NÃO HÁ "MEIO" TERMO.

(HEBREUS 9:27; 2 CORÍNTIOS 5:6-8; LUCAS 16:22-24)

ÚNICO EXEMPLO BÍBLICO PERTO DE UMA "ASSOMBRAÇÃO" FOI UM HOMEM QUE MORAVA NUM CEMITÉRIO E ERA POSSUÍDO POR UMA LEGIÃO DE DEMÔNIOS.

ELE TINHA GRANDE FORÇA, QUEBRANDO CORRENTES QUE USARAM PARA AMARRÁ-LO.

ELE ATERRORIZOU O POVO DA ÁREA EM QUE VIVIA.

(MARCOS 5:1-20)

MAS UM DIA, JESUS CRISTO VISITOU O TERRITÓRIO DESSE DEMONÍACO.

QUANDO O HOMEM ENCONTROU A JESUS, ELE VIU QUE CRISTO TINHA PODER SOBRE TODOS OS SERES.

O HOMEM FOI TOTALMENTE LIBERTO DOS DEMÔNIOS QUE O ATORMENTAVAM E ATERRORIZAVAM.

(MARCOS 5:1-20)

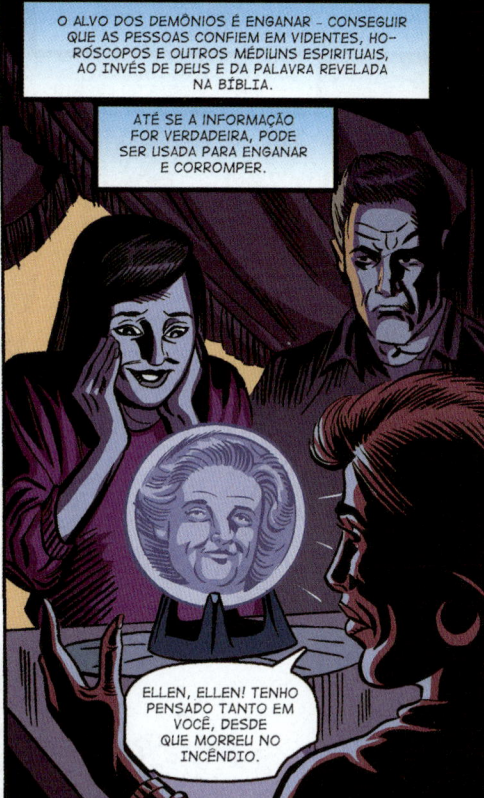

"VALEU A PENA CADA CENTAVO QUE PAGUEI - O MEU TIO FRED APARECEU NA SESSÃO ESPÍRITA E ME DEU INFORMAÇÃO SOBRE ONDE ESTAVAM OS DOCUMENTOS DO MEU PAI."

ANJOS CAÍDOS - CHAMADOS DE DEMÔNIOS - SÃO MALIGNOS, ENGANOSOS E DESTRUTIVOS.

ELES SE DISFARÇAM DE "ANJOS DA LUZ", ENTÃO PERSONIFICAR UM MORTO, COM CERTEZA FAZ PARTE DE SUAS HABILIDADES.

MRS. RAPISAO
VIDENTE

O ALVO DOS DEMÔNIOS É ENGANAR - CONSEGUIR QUE AS PESSOAS CONFIEM EM VIDENTES, HORÓSCOPOS E OUTROS MÉDIUNS ESPIRITUAIS, AO INVÉS DE DEUS E DA PALAVRA REVELADA NA BÍBLIA.

ATÉ SE A INFORMAÇÃO FOR VERDADEIRA, PODE SER USADA PARA ENGANAR E CORROMPER.

"ELLEN, ELLEN! TENHO PENSADO TANTO EM VOCÊ, DESDE QUE MORREU NO INCÊNDIO."

"VOCÊ É TOURO - ESSE É O SEU DIA DE SORTE!"

SEJAM VIDENTES, TABULEIROS DE OUIJA, SESSÕES ESPÍRITAS, TARÔ OU MÉDIUNS - NENHUM DELES É APROVADO POR DEUS.

DEUS QUER QUE OLHEMOS PARA ELE EM ORAÇÃO E BUSQUEMOS INSTRUÇÃO NA BÍBLIA.

SEREMOS MUITO ENGANADOS SE OLHARMOS PARA ESSAS COISAS NA BUSCA DE ORIENTAÇÃO.

(2 CORÍNTIOS 11:14; PROVÉRBIOS 3:5-6)

ALGUNS VÃO ALÉM E TENTAM "CHAMAR" OS ESPÍRITOS DOS QUE JÁ MORRERAM.

ISSO SE CHAMA DIVINAÇÃO, NECROMANCIA, FEITIÇARIA OU ESPIRITISMO.

VAMOS PARAR. ESTOU SENTINDO ALGO MUITO ESTRANHO E ASSUSTADOR.

A BÍBLIA CLARAMENTE PROÍBE ISSO - E DEUS A CHAMA DE ABOMINAÇÃO.

ESSA ATIVIDADE TAMBÉM ENVOLVE DEMÔNIOS E ABRE A VIDA DAS PESSOAS PARA RECEBEREM ATAQUES E OPRESSÕES DEMONÍACAS.

PESSOAS QUE TENTAM ENTRAR EM CONTATO COM ESPÍRITOS DOS MORTOS ESTÃO ENTRANDO EM CONTATO COM DEMÔNIOS - E SE ABRINDO PARA O ENGANO E ATÉ PIOR.

E TAMBÉM DECLARAM A SUA "INDEPENDÊNCIA" DE DEUS, BUSCANDO INFORMAÇÕES EM FONTES E FORÇAS MALIGNAS, QUANDO DEVERIAM BUSCAR AO PAI, QUE É A LUZ E A VERDADE.

(LEVÍTICO 19:26; DEUTERONÔMIO 18:10; GÁLATAS 5:19-20; ATOS 19:19)

NÃO PRECISAMOS DE "CAÇADORES DE FANTASMAS" PARA LIMPAR OS NOSSOS LARES DE FANTASMAS.

TEMOS CONOSCO O CRISTO RESSURRETO E O ESPÍRITO SANTO DE DEUS DENTRO DE NÓS.

DEUS NOS PROMETE ESTAR SEMPRE CONOSCO - E NOS DAR SABEDORIA, SE SIMPLESMENTE PEDIRMOS A ELE.

DA MESMA FORMA, ORAR AOS MORTOS É PROIBIDO PELAS ESCRITURAS.

UM HOMEM NA BÍBLIA FEZ ISSO, O REI SAUL, E ESTE PECADO CULMINOU EM SUA MORTE.

(MATEUS 28:20; TIAGO 1:5; 2 SAMUEL 28:1-19)

DEUS É ONIPRESENTE E PODE ESTAR EM TODOS LUGARES NUM SÓ MOMENTO - E ELE PODE OUVIR CADA ORAÇÃO AO MESMO TEMPO.

DEUS É ONIPOTENTE - ELE POSSUI TODO O PODER.

PARA QUE A ORAÇÃO CHEGASSE A UM MORTO, O INDIVÍDUO MORTO TERIA QUE PODER OUVIR A ORAÇÃO, POSSUIR O PODER PARA RESPONDER A ORAÇÃO E ENTÃO SABER COMO RESPONDÊ-LA DA MELHOR MANEIRA PARA O INDIVÍDUO QUE ESTÁ ORANDO.

SÓ DEUS É CAPAZ DE FAZER ISSO.

COMO A BÍBLIA É MUITO CLARA QUE, DEPOIS DA MORTE, ENFRENTAMOS O JULGAMENTO, NÃO HÁ POR QUE ORAR AOS MORTOS.

UMA PESSOA EM AGONIA ETERNA NÃO PODERIA ESCUTAR A NOSSA ORAÇÃO.

E NEM A PESSOA QUE ESTÁ NA FELICIDADE CELESTE.

JESUS CRISTO É O MEDIADOR ENTRE DEUS E OS HOMENS, NELE PODEMOS ALCANÇAR A DEUS POR MEIO DA ORAÇÃO - EM TODAS AS NOSSAS NECESSIDADES.

(SALMOS 139:7-12; APOCALIPSE 19:6; 1 TIMÓTEO 2:5)

#15 QUEM FORAM OS NEFILINS?

O LIVRO BÍBLICO GÊNESIS É O LIVRO DO COMEÇO.

A PRIMEIRA PARTE DESSE LIVRO EXTRAORDINÁRIO DESCREVE A CRIAÇÃO DO MUNDO...

...O GRANDE DILÚVIO DE NOÉ.

E CONTA DE UM VIOLENTO MUNDO PRÉ-DILÚVIO, ONDE O PECADO E A ATIVIDADE DEMONÍACA ERAM FREQUENTES.

QUANDO OS HOMENS COMEÇARAM A MULTIPLICAR-SE NA TERRA E LHES NASCERAM FILHAS, OS FILHOS DE DEUS VIRAM QUE AS FILHAS DOS HOMENS ERAM BONITAS E ESCOLHERAM PARA SI AQUELAS QUE LHES AGRADARAM. GÊNESIS 6:1-2

NAQUELES DIAS HAVIA NEFILINS NA TERRA, E TAMBÉM POSTERIORMENTE, QUANDO OS FILHOS DE DEUS POSSUÍRAM AS FILHAS DOS HOMENS E ELAS LHES DERAM FILHOS. ELES FORAM OS HERÓIS DO PASSADO, HOMENS FAMOSOS. GÊNESIS 6:4

OS NEFILINS ERAM A PROLE DE RELACIONAMENTOS ENTRE OS "FILHOS DE DEUS" E AS "FILHAS DO HOMEM".

HÁ TRÊS PONTOS DE VISTA A RESPEITO DE QUEM FORAM OS "FILHOS DE DEUS".

UM:
ELES ERAM ANJOS CAÍDOS, OU DEMÔNIOS.

DOIS:
ELES ERAM PODEROSOS REIS HUMANOS.

TRÊS:
ELES ERAM DESCENDENTES PIEDOSOS DE SETE, QUE CASARAM COM OS DESCENDENTES MALVADOS DE CAIM.

A FALHA NOS PONTOS DE VISTA 2 E 3 É QUE HOMENS HUMANOS CASANDO COM MULHERES HUMANAS COMUNS NÃO JUSTIFICARIA O MOTIVO DA PROLE SER "GIGANTE" OU "HERÓIS DA ANTIGUIDADE".

OUTRA FALHA É: POR QUE DEUS TRARIA O DILÚVIO À TERRA, QUANDO ELE NUNCA PROIBIU OS PODEROSOS HOMENS HUMANOS OU DESCENDENTES DE SETE, A SE CASAREM COM MULHERES HUMANAS COMUNS OU DESCENDENTES DE CAIM?

O JULGAMENTO DE GÊNESIS 6:5-7 PARECE ESTAR DIRETAMENTE LIGADO AO QUE ACONTECEU EM GÊNESIS 6:1-4.

A OBSCENA E PERVERSA UNIÃO DE ANJOS CAÍDOS COM MULHERES HUMANAS JUSTIFICARIA UM JULGAMENTO TÃO SEVERO.

OUTRO ARGUMENTO FORTE PARA ESSA INTERPRETAÇÃO É A DE QUE, EM TODOS OS DEMAIS LUGARES DAS ESCRITURAS, OS "FILHOS DE DEUS" SÃO QUASE SEMPRE IDENTIFICADOS COMO SENDO ANJOS.

(GÊNESIS 6:5-7; GÊNESIS 6:1-4; JÓ 1:6, 2:1, 38:7)

TUDO PARECE INDICAR QUE OS NEFILINS ERAM A PROLE DOS "FILHOS DE DEUS" (ANJOS CAÍDOS) E MULHERES HUMANAS...

...OU QUE ESSES DEMÔNIOS POSSUÍRAM HOMENS HUMANOS E, ENTÃO, SE ACASALARAM COM MULHERES HUMANAS.

ESSAS UNIÕES ÍMPIAS E NÃO NATURAIS RESULTARAM EM PROLE, OS NEFILINS, QUE ERAM "HERÓIS DA ANTIGUIDADE, HOMENS DE RENOME".

A BÍBLIA NÃO NOS DIZ POR QUE OS DEMÔNIOS FIZERAM ISSO, MAS SABEMOS QUE ERAM SERES MALÍGNOS, CHEIOS DE MALDADE.

ALGUNS ESPECULAM QUE OS DEMÔNIOS TENTARAM POLUIR A LINHAGEM SANGUÍNEA DOS HUMANOS, PARA IMPEDIR A VINDA DO MESSIAS SEM PECADO, JESUS CRISTO, QUEM DEUS DISSE QUE ESMAGARIA A CABEÇA DA SERPENTE (SATÃ).

(GÊNESIS 6:4, GÊNESIS 3:15)

O GRANDE TAMANHO E FORÇA DESSES GIGANTES E "SUPER-HERÓIS" PROVAVELMENTE VEIO DA MISTURA DE "DNA" DEMONÍACO COM A GENÉTICA HUMANA.

TUDO O QUE A BÍBLIA DIZ DIRETAMENTE SOBRE ELES É QUE ERAM "HERÓIS DA ANTIGUIDADE, HOMENS DE RENOME"...

...E QUE ERAM OS SERES LITERAIS E FÍSICOS PRODUZIDOS PELA UNIÃO DOS "FILHOS DE DEUS" E AS FILHAS DO HOMEM.

ALGUMAS PESSOAS APONTAM, COM RAZÃO, QUE A BÍBLIA ENSINA QUE NA RESSURREIÇÃO AS PESSOAS NÃO SE CASARÃO, MAS SERÃO COMO ANJOS NO PARAÍSO.

PORÉM, O TEXTO NÃO DIZ "ANJOS SÃO INCAPAZES DE CASAR". NA VERDADE, SÓ INDICA QUE ANJOS NÃO SE CASAM.

ESSA PASSAGEM ESTÁ FALANDO DOS ANJOS NO PARAÍSO, E NÃO DOS ANJOS CAÍDOS, QUE NÃO SE IMPORTAM COM A ORDEM DE DEUS E PROCURAM MANEIRAS DE DESFAZER O PLANO DE DEUS.

O FATO DE QUE OS SANTOS ANJOS DE DEUS NÃO SE CASAM OU ENTRAM EM RELACIONAMENTOS NÃO QUER DIZER QUE O MESMO É VERDADE PARA SATÃ E OS SEUS DEMÔNIOS.

(GÊNESIS 6:1-4; MATEUS 22:30)

EMBORA ANJOS SEJAM SERES ESPIRITUAIS, ELES PODEM APARECER EM FORMA FÍSICA E HUMANA.

TRAGAM OS HOMENS AQUI PARA NÓS.

NÓS QUEREMOS CONHECÊ-LOS!

OS HOMENS DE SODOMA E GOMORRA QUERIAM TER RELAÇÕES COM OS DOIS ANJOS EM FORMA HUMANA QUE ESTAVAM COM LÓ.

É TOTALMENTE PLAUSÍVEL QUE ANJOS SÃO CAPAZES DE TOMAREM FORMA HUMANA, ATÉ AO PONTO DE REPLICAREM OS CORPOS HUMANOS E PODEREM REPRODUZIR.

PARECE QUE OS "FILHOS DE DEUS" FORAM ANJOS CAÍDOS QUE PROCRIARAM COM MULHERES HUMANAS.

(HEBREUS 1:14; MARCOS 16:5; GÊNESIS 19:1-5)

A BÍBLIA TAMBÉM INDICA QUE DEUS PUNIU ESSES MESMOS DEMÔNIOS.

O LIVRO DE JUDAS NOS CONTA: "E OS ANJOS QUE NÃO MANTIVERAM AS SUAS POSIÇÕES DE AUTORIDADE, MAS ABANDONARAM A SUA PRÓPRIA CASA, ESSES ELE MANTEVE NA ESCURIDÃO, AMARRADOS POR CORRENTES ETERNAS PARA JULGAMENTO NO GRANDE DIA".

OBVIAMENTE, NEM TODOS OS DEMÔNIOS ESTÃO "APRISIONADOS" HOJE, ENTÃO DEVE TER UM GRUPO DE DEMÔNIOS QUE COMETERAM PECADOS MAIS GRAVES QUE A REBELIÃO ORIGINAL E FORAM LIDERADOS POR SATANÁS.

PARECE QUE OS NEFILINS FORAM UMA DAS PRINCIPAIS RAZÕES PARA O GRANDE DILÚVIO.

IMEDIATAMENTE DEPOIS DE SEREM MENCIONADOS, A BÍBLIA DIZ QUE DEUS VIU TAMANHA PERVERSIDADE QUE A HUMANIDADE TINHA ALCANÇADO, QUE DECIDIU EXTERMINAR A TODAS AS CRIATURAS DA FACE DA TERRA (EXCETO A NOÉ E OS DEMAIS NA ARCA).

A BÍBLIA TAMBÉM INDICA QUE OS DEMÔNIOS REPETIRAM O SEU PECADO APÓS O DILÚVIO PORQUE DIZ: "OS NEFILINS ESTAVAM NA TERRA NAQUELES DIAS E TAMBÉM DEPOIS".

PORÉM, PROVAVELMENTE NÃO DUROU MUITO TEMPO, JÁ QUE O RELATO SUPERIOR AFIRMA QUE DEUS APRISIONOU OS DEMÔNIOS QUE FIZERAM ISSO.

(JUDAS 6; LUCAS 10:18; GÊNESIS 6:4-7; GÊNESIS 6:8-22; 1 PEDRO 3:19)

DEPOIS, QUANDO OS ISRAELITAS INVADIRAM A TERRA PROMETIDA, MOISÉS ENVIOU DOZE ESPIÕES QUE ENCONTRARAM OS DESCENDENTES.

NOS VIMOS OS NEFILINS LÁ.*

NÓS PARECÍAMOS GAFANHOTOS EM NOSSOS PRÓPRIOS OLHOS, E PARECÍAMOS MESMO PARA ELES.

ELES SÃO GIGANTES!

NUNCA PODEREMOS DERROTÁ-LOS!

*OS DESCENDENTES DE ENAQUE VIERAM DOS NEFILINS.

NESSE TEXTO DA BÍBLIA, NÃO DIZ SE OS NEFILINS ESTAVAM REALMENTE LÁ, SOMENTE QUE OS ESPIÕES PENSAVAM QUE VIAM OS NEFILINS. OS ESPIÕES VIRAM PESSOAS MUITO GRANDES EM CANAÃ E PODEM TER PENSADO QUE ERAM OS NEFILINS.

OU, DEPOIS DO DILÚVIO, OS DEMÔNIOS PODERIAM TER PRODUZIDO MAIS NEFILINS.

DE QUALQUER FORMA, ESSES "GIGANTES" FORAM DESTRUÍDOS PELOS ISRAELITAS DURANTE A SUA INVASÃO DE CANAÃ E, DEPOIS, APAGADOS DA HISTÓRIA.

OS ENAQUINS ("PESCOÇO COMPRIDO" OU "ALTO") FORAM UMA RAÇA FORMIDÁVEL DE PESSOAS...

...GIGANTES QUE OCUPARAM AS TERRAS DO SUL DA PALESTINA, PERTO DE HEBRON ANTES DA CHEGADA DOS ISRAELITAS A TERRA PROMETIDA POR DEUS.

(NÚMEROS 13:33; JOSUÉ 11:21-22; DEUTERONÔMIO 2:10, 21, 3:11, 9:2; JOSUÉ 15:13)

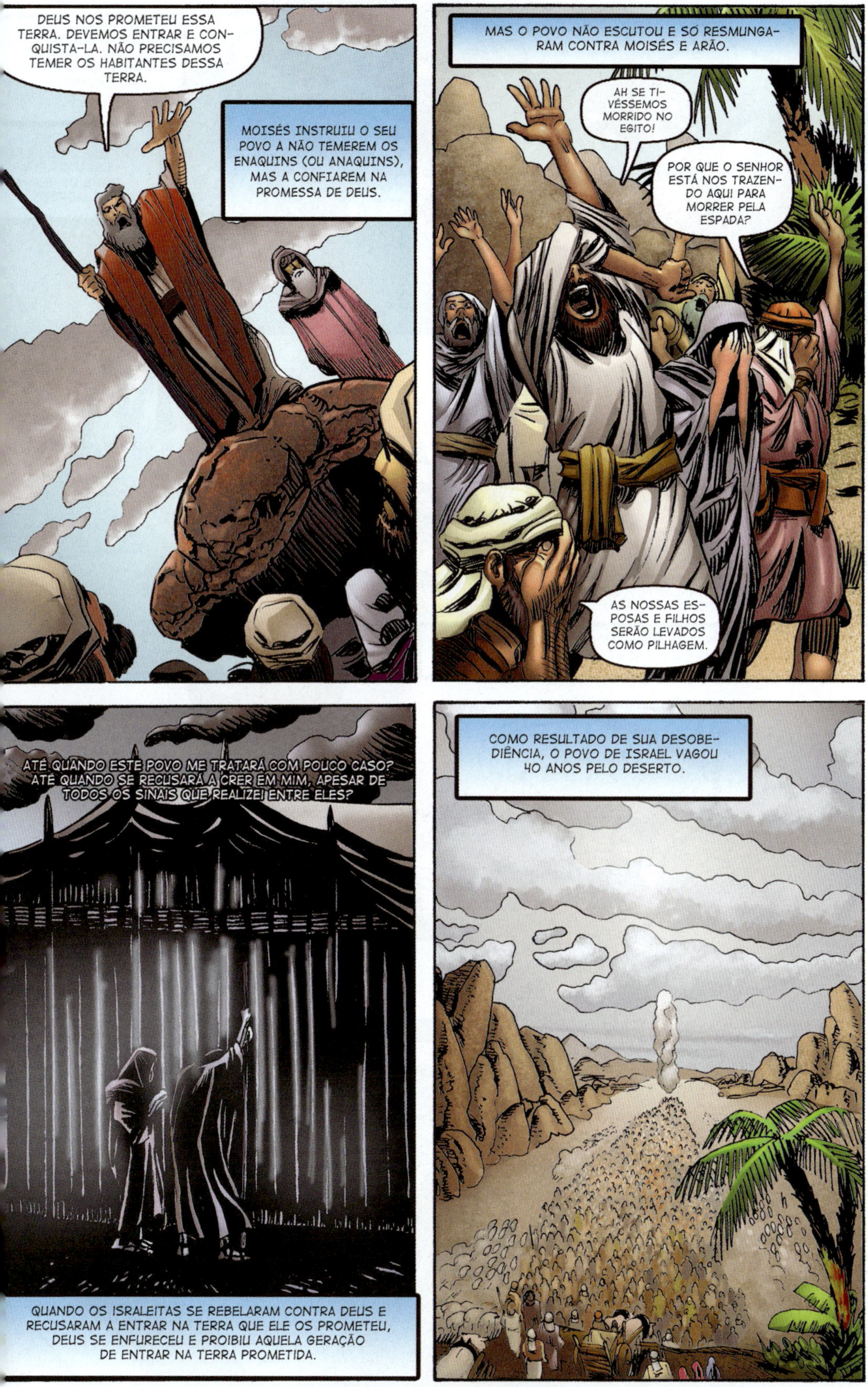

(DEUTERONÔMIO 1:19, 26-28, 32-39)

JOSUÉ E CALEBE FORAM OS ÚNICOS ESPIAS A ACREDITAREM NAS PROMESSAS DE DEUS.

E A BÍBLIA REGISTRA QUE JOSUÉ EXPULSOU OS ENAQUINS DA TERRA DOS MORROS...

...E QUE CALEBE FINALMENTE OS EXPULSOU DE TODO O HEBRON.

PORÉM, UM REMANESCENTE PODE TER ENCONTRADO REFÚGIO NAS FUTURAS CIDADES FILISTEIAS DE GAZA, GATE E ASHDOD.

MUITOS ACADÊMICOS DA BÍBLIA ESPECULAM QUE OS DESCENDENTES DOS ENAQUINS FORAM OS GIGANTES FILISTEUS QUE DAVI ENFRENTOU, INCLUSIVE GOLIAS DE GATE.

EMBORA PAREÇA UM FILME DE TERROR OU FICÇÃO CIENTÍFICA, O PONTO DE VISTA QUE ESTÁ EM GÊNESIS 6:1-4, QUE ENVOLVE ANJOS CAÍDOS ACASALANDO COM MULHERES HUMANAS E PRODUZINDO OS NEFILINS TEM UMA BASE CONTEXTUAL, GRAMÁTICA E HISTÓRICA MUITO FORTE.

(DEUTERONÔMIO 1:35-36; GÊNESIS 6:1-6; JOSUÉ 11:21-22, 14:12-15; 2 SAMUEL 21:15-22; 1 SAMUEL 17:4-7)

O CRISTO

A MAIOR HISTÓRIA DE TODOS OS TEMPOS CONTADA EM QUADRINHOS.

LANÇAMENTOS

JESUS COMO VOCÊ NUNCA VIU!

A História de Jesus contada em formato de história em quadrinhos, revelando seu nascimento, crescimento e ministério. Você não pode perder a chance de se emocionar e de utilizar estes volumes como ferramenta de evangelismo ou estudo.

17x24 cm
32 PÁGINAS EM CADA VOLUME

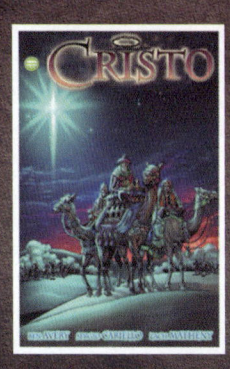

Volume 5
Parábolas e libertação

Volume 6
Multiplicação e caminhada sobre as águas

Volume 1
O Nascimento
O incrível nascimento do menino que trouxe salvação a humanidade. Deus se tornou homem!

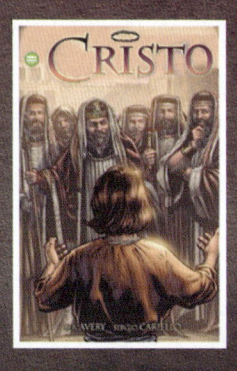

Volume 2
Os Primeiros Passos
Os primeiros anos de Jesus Cristo com a sua família, crescimento, preparação e o primeiro milagre.

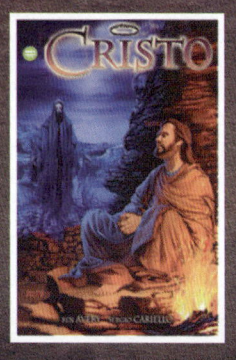

Volume 3
A Tentação
Jesus é batizado por João Batista, encara o diabo no deserto e chama os primeiros discípulos.

Volume 4
Início do Ministério
Junto com os discípulos, Jesus inicia o seu ministério realizando diversos milagres.

VAMOS JOGAR?

É POSSÍVEL APRENDER OS VALORES CRISTÃOS POR MEIO DE JOGOS INCRÍVEIS, QUE ACOMPANHAM UMA REVISTA DE 12 PÁGINAS PARA DEGUSTAR UMA PARTE DO NOSSO UNIVERSO!!!

JOGO DO PEREGRINO
Um jogo de memória imperdível com 116 cartas, contendo todos os personagens ilustrados no Peregrino Mangá!

PERGUNTAS E RESPOSTAS
LIVROS DA BÍBLIA
Inovador jogo que testará os seus conhecimentos sobre todos os livros da Bíblia com 05 modos de jogo 86 cartas!

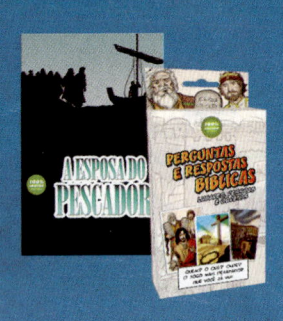

PERGUNTAS E RESPOSTAS
LUGARES, PESSOAS E OBJETOS
Quem? Quando? Onde? São 72 cartas com perguntas que irão testar os seus conhecimentos - acumule pontos a cada acerto.

BIBLIX
Você precisa completar uma das 8 histórias bíblicas para vencer! No consagrado estilo Uno/Can-Can, corra contra o tempo nesse jogo de muitas emoções e vibrantes 72 cartas.

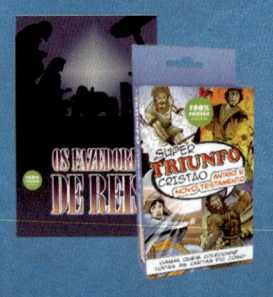

SUPER TRIUNFO
Ganha quem colecionar todas as 72 cartas do jogo, que reúne os maiores heróis e até vilões da Bíblia de todos os tempos! Versão deluxe com Antigo e Novo Testamento agrupados!

PARA JOVENS, CRIANÇAS E ADULTOS DE TODAS AS IDADES!